HEYNE <

04.07.04
Maya u. Stephanie

MICHAELA SCHAFFRATH

2. in der D.-Staffel 2008

Ich, Gina Wild

Enthüllung

WILHELM HEYNE VERLAG
MÜNCHEN

HEYNE SACHBUCH
19/915

Bildnachweis:

dpa: Farbtafel 8 (»SK Kölsch«)
Michaela Schaffrath: Farbtafeln 1, 2
Roswitha Wolfram: Farbtafeln 3, 4, 5, 6, 7

Umwelthinweis:

Dieses Buch wurde auf chlor- und
säurefreiem Papier gedruckt

Taschenbuchausgabe 07/2004

Wilhelm Heyne Verlag, München,
in der Verlagsgruppe Random House GmbH
http://www.heyne.de
Printed in Germany 2004
Redaktion dieser Ausgabe: Timur Vermes
Umschlagillustration: Mayk Azzato
Umschlaggestaltung:
Hauptmann und Kampa Werbeagentur, München – Zürich
Satz: Datentechnik, Wels
Druck und Bindung: GGP Media, Pößneck

ISBN 3-453-87941-4

Inhalt

1 Das ungeknutschte Pummelchen: Mein Traum von Pater Bricasar

An meinem 27. Geburtstag hielt ich ein ganz besonderes Geschenk in der Hand: meinen ersten Pornoschwanz. Es war der Schwanz von Rocco Siffredi, dem größten Männerstar der internationalen Pornoszene. Das war am 6. Dezember 1997. Am Nikolaustag.

Rocco Siffredi ist ein Bild von einem Mann. Der bestaussehende Pornodarsteller, den es gibt. Hochgewachsen, sehr muskulös, aber nicht aufgepumpt, mit mittelblonden, halblangen Haaren und einem tollen, sehr männlichen Gesicht. Und er hat einen wunderschönen Schwanz. Groß und mächtig, nicht schief, sondern wohlgeformt. Er ist ein Traumtyp, mit dem jede Darstellerin aus der Szene gerne dreht. Rocco gilt als der Beste von allen. Ich wünsche mir oft, dass es mehr solcher Männer in der Hardcore-Branche gäbe.

Ein Traum war für mich greifbar geworden. Ich war ganz nah dran. Mittendrin. Dort, wo es mich schon lange hingezogen hatte. Ich hielt diesen berühmten Schwanz in meiner Hand, und er wurde immer größer. Superstar Rocco lachte mich an, und die Menge ringsum war begeistert.

Das passierte auf der Venus 1997, der größten deutschen Pornomesse. Es war kalt, wir waren in Berlin, und der Vorhang in eine Welt voller Verlockungen war offen. Das junge Mädchen, das einst keiner haben wollte, war im Pornoland angekommen. Ich fühlte mich begehrt. Endlich, endlich begehrt.

Tausendmal war ich das Leben verfluchend auf meinem feucht geheulten Kissen eingeschlafen. Ich, Michaela Jänke, geboren am 6. Dezember 1970. Das Pummelchen mit den dicken Brillengläsern, das in der Schuldisko keiner abknutschen wollte. Das Pummelchen ohne Hoffnung, jemals das Geschenk körperlicher Liebe kennen zu lernen.

Nein, ich war kein hübscher Teeny, und das wusste ich genau. Abends träumte ich davon schön zu sein wie Maggie, Pater Ralphs Geliebte aus dem TV-Mehrteiler »Die Dornenvögel«. Ich bin in meinem Bett unterm Dach unseres kleinen Hauses in der Waldsiedlung von Eschweiler gelegen, draußen rauschten die Bäume und ich stellte mir vor, ich läge in den Armen von Richard Chamberlain, dem Pater Ralph de Bricasar. Ich konnte minutenlange Dialoge herunterleiern, kannte fast jedes Detail der Serie. Die junge, anmutige Maggie war in diesen einsamen Stunden mein zweites Ich.

Warum konnte ich nicht sein wie diese Maggie, fragte ich mich beim Einschlafen. Und am nächsten Morgen vorm Spiegel wusste ich warum. Das war deprimierend. Das Gefühl, hässlich zu sein, ist auf meiner Seele eingebrannt wie eine Narbe. Heute noch überläuft mich manchmal ein kalter Schauer, wenn ich zurückdenke an diese Zeit, als mich niemand aus der Verzweiflung befreien konnte. Als ich mich wie eine Ausgestoßene fühlte.

Meine früheste Erinnerung an meine Kindheit: Ich bin im Gitterbett eines Krankenhauses eingesperrt. Ich habe von Geburt an einen starken Sehfehler, eine Hornhautverkrümmung am linken Auge. Die musste behandelt werden, als ich drei Jahre alt war.

Dieses schreckliche Gitterbett habe ich noch deutlich vor Augen. Damals wusste ich natürlich nicht, was ein Gefängnis ist, doch es war entsetzlich, weggesperrt zu sein. Morgens wurde ich von einer teilnahmslosen Krankenschwester gewaschen und gefüttert. Vielleicht bin ich ungerecht, vielleicht war sie nicht teilnahmslos, aber so kam sie mir vor. Diese Schwester habe ich deutlich in Erinnerung behalten. Manchmal denke ich darüber nach, ob diese Frau der Grund ist, weshalb ich später zehn Jahre lang selbst Kinderkrankenschwester war. Gerne Kinderkrankenschwester war. Es ist einer der schönsten Berufe, die ich mir vorstellen kann. Und vielleicht ergriff ich diesen Job, weil ich ihn einfach nur besser machen wollte als sie.

Nach dem Waschen geschah stundenlang nichts. Ich wollte raus zum Spielen. Aber die Gitterstäbe trennten mich von den anderen Kindern. Später kam das Mittagessen. Es gab Kartoffelpüree. Jeden Tag Kartoffelpüree. Es hing mir zum Hals raus. Eines Tages habe ich mein Bett damit vollgekotzt.

Meine Eltern kamen, wann immer sie konnten. Doch damals gab es leider noch feste Besuchszeiten. Nur zwei bis drei Stunden täglich, danach war ich wieder allein. Ich stand dann am Gitter und schrie mein Elend aus mir heraus, aber keiner hörte mir zu.

Es gibt sicherlich einen Grund, warum diese Zeit im Krankenhaus immer noch wie ein Film vor meinen Augen abläuft. Das war das tiefe Gefühl der Einsamkeit. Alle meine bösen Kindheitserinnerungen drehen sich um dieses Gefühl der Einsamkeit und meine große Angst davor. Wohl deshalb bin ich, seit ich denken kann, süchtig nach Zuneigung und Gesellschaft. Ich will immer mit allen Leuten gut befreundet sein. Und ich will niemanden enttäuschen.

Darum liebe ich auch meine Autogrammstunden so sehr. Ich genieße sie, weil ich sehe, wie viele Menschen in meiner Nähe sein wollen, nur um ein persönliches Andenken von mir mit nach Hause zu nehmen. Ich weiß, dass für viele Fans, die regelmäßig zu mir kommen, jedes Mal ein kleiner Traum in Erfüllung geht. Die Männer und manchmal auch Frauen reisen extra wegen mir an, nehmen gelegentlich stundenlanges Warten in Kauf. Das ist eine Verehrung, die mich glücklich macht. Für die nehme ich mir dann auch gerne Zeit. Ich rede ein bisschen und erkundige mich über sie. Solche Autogrammstunden dauern dann oft bis spät in die Nacht. Ich glaube natürlich nicht, dass es Liebe ist, die diese Menschen in meine Nähe zieht. Es ist eher ein Anhimmeln aus sicherer Distanz.

Allerdings kann es auch den einen oder anderen geben, den es erwischt hat, und der mich wirklich liebt. Gerade unter den Männern, die in meinem Fanclub sind und zu denen ich regelmäßig Kontakt habe, könnte schon mal einer sein, der in großer Liebe zu mir entflammt ist. Dem das Herz in die Hose rutscht, wenn ich ihn in die Arme nehme. Das merke ich, wenn sie sich an mich pressen und ich spüre, wie ihre Herzen heftig zu schlagen beginnen und ihre Hände zittern.

Das ist eine sehr ernste Angelegenheit. Damit möchte ich nicht spielen. Ich gebe ihnen dann das Gefühl, dass ich sie mag und es mir gefällt, dass sie gekommen sind. Nie im Leben würde ich mich über einen dieser Männer lustig machen oder ihn bloßstellen gegenüber den anderen. Ich kam mir früher oft genug ungeliebt vor.

Nicht, dass wir uns hier missverstehen: Ich hatte eine schöne Kindheit, und meine Eltern haben mich mit sehr viel Liebe umsorgt. Ich habe noch einen Bruder, Guido, der etwa anderthalb Jahre älter ist als ich. Wir haben anfangs in Nothberg bei Eschweiler gelebt. Ein kleines Dörfchen mit Marktplatz und Kirche, wo gelegentlich eine Kirmes stattfand.

Wir haben öfter die Wohnung gewechselt, sind aber immer im selben Ort geblieben. Bis wir nach Pumpe-Stich gezogen sind, ins Haus, das wir von meiner Großmutter väterlicherseits geerbt haben. Dort bin ich von meinem zehnten Lebensjahr an aufgewachsen. Das Grundstück liegt direkt am Wald, und wir haben einen Großteil unserer Zeit draußen verbracht.

Damals wohnten meine Eltern dem Geschmack der Zeit entsprechend. Es gab viel dunkles Holz, Teppichboden mit Läufern darüber, Mustertapeten. Vor den Fenstern hingen Spitzengardinen, eingerahmt von schweren Vorhängen und dicken Schabracken. An den Wänden war allerlei Kitsch zwischen vielen Bildern.

Eigentlich bin ich wie ein Junge groß geworden. Mit den Freunden meines Bruders habe ich oft Fußball gespielt. Das war eine tolle Clique. Im Wald haben wir Räuber und Gendarm gespielt, und im Winter waren wir Rodeln. Es war ein ständiges Kräftemessen.

Sicher, es gab schon Computer. Einige in unserer Klasse hatten einen Atari und verbrachten viele Stunden am Tag davor. Aber so etwas hat uns nicht interessiert. Am Abend spielten wir mit unseren Eltern »Mensch ärgere dich nicht« oder Karten. Es hat mir nichts ausgemacht, wenn ich verloren habe. Ich war einfach nur glücklich, wenn wir alle zusammen waren.

Wir haben die meiste Zeit im Wohnzimmer verbracht, und bei schönem Wetter auf der Terrasse. Unser Garten ist groß und meine Eltern lieben es heute noch, dort aufwändige Familienfeste zu feiern.

Manchmal haben wir für Verwandte und Freunde ein Spanferkel gebraten. Das war ein Akt, der das ganze Wochenende in Anspruch nahm. Am Freitag wurde das Schwein zurechtgemacht, aufgespießt wie bei einem altertümlichen Ritual und dann mit Salz und Gewürzen eingerieben. Wir Kinder haben dabei immer gern zugesehen. Es war abstoßend, aber auch faszinierend. Zum Festschmaus kamen dann bis zu vierzig Leute. Unsere Familie ist sehr weitläufig. Mein Vater hat drei, meine Mutter vier Geschwister, und die Nachbarn waren auch eingeladen. Alle Familienfeste wie Geburtstage, Namenstage und hohe Feiertage wurden so gefeiert. Man traf sich am Nachmittag zum Kaffee, schwatzte, dann gab es ein schönes Abendessen und nachher ging es bis spät in die Nacht weiter.

Später, als Teenager, fanden wir es natürlich nicht mehr so toll, wenn wir brav bei der Familie sitzen mussten, während die anderen um die Häuser zogen. Aber auf diese Geselligkeit legten meine Eltern sehr viel Wert.

Denn Essen hat bei uns in der Familie immer eine große Rolle gespielt. Meine Eltern sind nicht reich, aber sie leben in ordentlichem Wohlstand. Und zur Geselligkeit gehörten gute Speisen. Davon gab es reichlich. Es gab selbst gemachte Pommes meiner Mama. Currywurst, Hähnchen, wir haben oft gegrillt. Eines meiner Leibgerichte: Nudeln mit Eiersoße. Meine Omi kam aus dem Saarland, die kannte herrliche Rezepte. Gefüllte Klöße, Leberknödel, Mehlknepp. Süßigkeiten und Eis verschlang ich sowieso. Sonntags war es am tollsten, da wurde das gemeinsame Mittagessen regelrecht zelebriert. Suppe, Hauptgang, süßes Dessert. Das ist heute noch so. Ich war ein Fan von Mamas Hühnerfrikassee. Oft gab's zum Dessert die Königsrolle von Fürst Pückler. Mit Eierlikör.

Ich habe lustvoll gegessen, aber auch aus Frust. Dass es einen direkten Zusammenhang zwischen diesem üppigen Angebot gab und meiner Dicklichkeit, war mir schon bewusst. Doch es fehlte wohl die Entschlossenheit, die Quelle meiner Unzufriedenheit trocken zu legen. Zu meiner Entschuldigung: Ein Kind ist mit dieser Verantwortung für den eigenen Körper wohl auch noch überfordert.

Ich fügte mich im Großen und Ganzen in diese geordnete Welt, wie es von mir erwartet wurde. Aber gelegentlich musste ich meinen eigenen Kopf durchsetzen. Dann war ich sehr eigenwillig. So sehr, dass meine Eltern es mit der Angst zu tun bekamen.

Kinder sind gute Beobachter. Ich hatte schnell die Schwachstellen meiner Eltern entdeckt und daraus eine Strategie des Terrors entwickelt, die ich gnadenlos anwandte, wenn etwas nicht so ging, wie ich mir das vorstellte. Ich habe angefangen zu schreien und herumzustampfen. Wenn das nichts nutzte, hielt ich die Luft an, bis ich knallrot im Gesicht war. Das war die äußerste Maßnahme, zu der ich griff. Und sie wirkte immer.

Einmal hat mein Vater bei einem meiner gemeinen Erpressungsversuche die Nerven verloren, mich hochgerissen und wie ein Bettkissen geschüttelt und mich angebrüllt. Er war wie von Sinnen vor Angst, es könnte etwas geschehen. Im Nachhinein tut es mir Leid, dass ich meinen Eltern das angetan habe.

In gewisser Weise zeigte sich wohl schon damals, dass in mir ein starker Wille wohnt. Noch unkontrolliert, aber mächtig. Ein Wille, der mich später aus meinem durchschnittlichen Leben reißen und in eine bizarre Welt katapultieren sollte. Eine Welt mit ungeahnten Höhen und Tiefen, aber auch eine Welt, in der ich intensive Befriedigung finden würde.

Mein ganzer Stolz als Kind war mein Barbie-Haus. Ich hatte allerlei Kram aus der Barbie-Kollektion, doch das

Puppenhaus, das mein Vater mir gebastelt hatte, überragte mit seinen gut anderthalb Metern Höhe alles, was man sich als Kind vorstellen kann. Mein Vater arbeitete als Maurer und mit seinem handwerklichen Geschick hat er mir ein Barbie-Haus mit komplett eingerichteten Räumen konstruiert.

Meine Barbie hatte natürlich auch ein Pferd. Ich war vernarrt in Pferde, verschlang Bücher über Pferde, schaute alle Filme, in denen Pferde vorkamen, und fühlte mich fast verwandt mit diesen Tieren. Es ist wohl nichts Ungewöhnliches daran, dass man als Mädchen von Pferden fasziniert ist, doch ich war von diesem Pferdewahn derart infiziert, dass meine erste reale Begegnung mit einem Pferd eine böse Erschütterung in mir auslöste.

Wir machten Urlaub in Rheinland-Pfalz auf einem Bauernhof bei Kaiserslautern. Dort gab es auch eine Pferdekoppel. Und als ich endlich vor diesen gewaltigen, schnaubenden Tieren stand, begriff ich, dass ich gar nicht in der Lage war, ein Pferd zu reiten, so wie ich es aus meinen Büchern und Filmen kannte. Ich kann nicht reiten! Erst da dämmerte mir, dass man eine Ausbildung machen muss, bevor man diese bedrohlich großen Tiere beherrscht. Eine ohnmächtige Enttäuschung überkam mich. Und vielleicht sickerte allmählich die Erkenntnis durch mein junges Hirn, dass man sich mühevoll zu seinen Zielen durchkämpfen muss.

Komischerweise habe ich nie daran gedacht, meine Eltern um Reitstunden zu bitten. Vielleicht, weil ich wusste, dass so etwas sehr teuer ist. Und vielleicht wollte ich dann doch viel lieber meine Zeit mit meinen Freunden verbringen als mit Pferden.

Da war der Umgang mit meinen Stofftieren wesentlich bequemer. Mein liebster Gefährte hieß Lulatsch. Mein langer brauner Schlafhund mit Schlappohren. Wenn ich heute nach Hause zu meinen Eltern komme, liegt er noch immer in meinem alten Kinderzimmer und sieht mich aus seinen leicht heraushängenden Knopfaugen treuherzig an. Jahrelang bin ich mit ihm eingeschlafen. Im Winter zog ich ihm ein Jäckchen an, damit ihm nicht kalt war.

Bei der Einschulung war ich fürchterlich aufgeregt. Nicht wegen der Schule, sondern wegen meiner Brille. Ich schämte mich vor den anderen Kindern dafür. Sie hatte ein mächtiges schwarzes Gestell und Brillengläser, dick wie Aschenbecher. Ich hatte damit riesenhafte Glubschaugen.

Seit meinem dritten Lebensjahr bin ich damit herumgelaufen. Diese Brille trug ich, bis ich 17 war. Von meinem ersten Gehalt ging ich sofort los und kaufte mir Kontaktlinsen. Ich weiß bis heute nicht, warum mir meine Eltern nicht schon früher welche besorgt haben, sie merkten doch, wie ich unter diesem Brillenmonster litt. Ich nehme an, ihnen hat der Optiker davon abgeraten.

Jedenfalls habe ich bei jeder Gelegenheit, die sich bot, meine Brille abgenommen, zumindest wenn meine Eltern außer Sichtweite waren. In der Schule konnte ich sie natürlich nicht wegstecken, ich musste ja den Unterricht verfolgen. Aber sobald die Pausenglocke schrillte, verschwand das Ding in meinem Schulranzen.

Es gibt noch ein Exemplar dieser Brillen. Manchmal, zu Hause vorm Fernseher, setze ich es auf. Seltsamerweise ertappe ich mich in letzter Zeit dabei, wie ich Gefallen am Brillentragen entwickle. Kürzlich habe ich mir drei elegante Gestelle ausgesucht.

Dass ich nicht so toll aussah, wurde mir im Alter von etwa zwölf Jahren so richtig bewusst. Es war die Zeit, als ich anfing, mich für die Schuldisko hübsch zu machen. Die Zeit, in der man sich noch auf sehr verspielte Weise mit Jungs trifft.

Als Frisur hatte ich anfangs einen simplen Pottschnitt, meine Klamotten waren bestenfalls ordentlich. Klar, dass ich irgendwann damit unzufrieden war. Und als ich dann im fünften Schuljahr meine beste Freundin Michi kennen lernte, fing ich an auf Klamotten Wert zu legen.

Wir zwei Michaelas waren äußerlich sehr gegensätzlich. Sie war up to date, wusste immer, welche Jeans und welches Oberteil angesagt waren. Es lag wohl daran, dass sie eine ältere Schwester hatte, die ihr das vormachte. Von der haben wir öfter was ausgeborgt, ohne dass sie etwas merkte.

Michi ist nicht so aufgewachsen wie ich. Sie konnte nachts um elf noch unterwegs sein. Was daran lag, dass ihre ganze Familie einfach anders war. Nicht unbedingt das, was ich als glückliche Familie bezeichnet hätte. Die gingen alle ihrer eigenen Wege.

Materiell hatte ich wohl Vorteile. Ich und mein Bruder hatten jeweils ein eigenes Zimmer, wir fuhren regelmäßig in den Urlaub, und ich konnte mir von meinem Taschengeld jederzeit Platten und Bücher kaufen. Es war mir klar, dass ich aus geordneten Verhältnissen kam und ein Privileg genoss, das nicht jeder hatte. Aber Michi sah sehr süß aus und kam bei den Jungs gut an.

Sie hatte dunkelbraune, große Augen, brünette glatte Haare und eine Stupsnase wie ich. Michi war gertenschlank. Und sie hat sich oft umgestylt. Ich bewunderte sie für ihre Schönheit und schätzte sie als meine Beraterin. Ich hingegen war mit allem an mir unzufrieden. Auch mit meinen Haaren, die die Farbe eines Straßenköters hatten. So kam ich zu meinem ersten ernst gemeinten Haarschnitt, eine Art Ponyfrisur.

Eines Abends stand wieder mal Schuldisko auf dem Programm. Ich war fest entschlossen, diesmal besser gestylt dort aufzutauchen. Michi bot sich an, mir die Haare zu schneiden. Das Desaster war unvermeidbar. Am Ende hingen mir meine Haare wie ein schiefer Topf am Kopf. »Michi, ich sehe Scheiße aus«, jammerte ich sie an. »So gehe ich nicht auf die Straße.« Michi hatte dann die grandiose Idee, mir einen Cowboyhut aufzusetzen. Den riss mir nachher in der Disko irgendein blöder Typ vom Kopf, und ich habe mich furchtbar geschämt.

Es war ein Jammer. Neben Michi kam ich mir vor wie ein dummes kleines Anhängsel. Aber niemals hätte ich sie dafür gehasst. Wir waren zusammen immer lustig, riskierten eine große Klappe und haben sehr viel gelacht.

Michi bekam immer die Typen ab, die ich süß fand. Das war nicht schön, aber auch das nahm ich ihr nicht übel. Es war wie ein Naturgesetz. Die Jungs landeten eben bei ihr und nicht bei mir. Vielleicht lag es auch daran, dass sie ein größeres Selbstbewusstsein hatte. Michi war offen für Kontakte.

Nur einmal, ein einziges Mal, gab es eine Situation, die mich rasend vor Eifersucht machte. Sie hatte wieder mal einen Typen abbekommen, der mir auch gefiel. Aus irgendeinem Grund war diesmal aber bei mir mehr Gefühl im Spiel. Er hieß René. Ich war 14, und er war der Schwarm aller Mädchen. Er hatte blonde kurze Haare, ein hübsches Gesicht und blaue Augen. Er gefiel mir richtig gut, weil er auch immer lachte. Und er hat mir nie das Gefühl gegeben, dass er mich nicht mochte. Hoffnung keimte in mir auf.

Wir waren wieder mal in der Schuldisko. Da gab es eine große Aula, wo gelegentlich irgendein DJ seine Platten auflegen durfte. »I like Chopin« von Gazebo war ein großer Hit, den ich unheimlich romantisch fand. Ich schlenderte durch die Halle, an den anderen Schülern vorbei und suchte Michi. Und ausgerechnet, als der DJ diesen Song spielte, sah ich Michi wild knutschend in den Armen von meinem René. Das hat wehgetan. Schluchzend bin ich hinausgelaufen. Den hatte sie also auch schon wieder gekriegt ...

Ich wage zu behaupten, heute würde ich ihr all die Typen vor der Nase wegschnappen, die sie damals bekommen hat. Weil ich weiß, wie sie sich entwickelt hat. Und weil ich sehe, wie ich mich entwickelt habe. Ich sehe mich im Spiegel, ich sehe meine Fotos in den Zeitungen und weiß, dass ich geschafft habe, mich von meiner Unzufriedenheit zu lösen. Aber damals nutzte mir das natürlich nichts.

Klar, es gab in den Jahren meiner Schulzeit auch Lichtblicke. Momente, in denen ich mich selbst hübsch fand. Natürlich nur, wenn ich die Brille abgenommen hatte. Ich unternahm sogar die ersten Schminkversuche. Das hat allerdings nicht wirklich funktioniert, ich fühlte mich unwohl.

Ich wollte immer natürlich aussehen. Ich mag zu viel Make-up nicht, heute wie damals. Dann komme ich mir vor wie hinter einer Maske. Und irgendwann kann ich dann in eine Situation geraten, in der ich diese Maske nicht aufhabe und mich vor den Leuten dafür rechtfertigen muss. Nein, danke.

Doch zurück zur kleinen Michaela. Irgendwie habe ich es dann noch zum ersten Kuss geschafft. Da war ein Junge in der Klasse meines Bruders. Ich weiß noch wie der hieß: Frank. Er war so nett. In den war ich richtig verschossen. Er hatte ein Moped. Und ich spürte, dass er mich mag. Einmal, da waren wir alleine im Zimmer meines Bruders Guido und haben seine Lieblingsplatte von

»Kiss« angehört. Da habe ich ihn ausgequetscht, ob er eine Freundin hätte. Wir saßen auf der Couch.

Er sagte: »Nein, aber das kann sich ja ganz schnell ändern.« Und hat mir gaaanz tief in die Augen geblickt. Da ging mir richtig die Pumpe. Ich war zwölf, er war 16.

Er fragte mich: »Haste schon mal richtig geküsst? Mit Zunge und so ...?«

»Nee, hab ich noch nie gemacht ...«

Dann fragte er mich, ob ich das denn mal ausprobieren wollte. Ich habe stumm genickt. Wieso nicht? Und dann hat Frank mich geküsst.

Mein erster Kuss.

Ich fand ihn komisch.

Nass.

Nicht sehr toll.

Also änderte auch das nichts daran, dass ich immer wieder heulend im Bett lag und deprimiert war. Bis zu meinem ersten Freund, den ich mit 15 kennen lernte. Er nahm mich so, wie ich war. Er hieß Matthias und war 21.

II Entdeckerin der Unterwelt: Mein erster echter Pimmel

Ich habe ihn in der Eishalle kennen gelernt. Wir waren dort eine eingeschworene Clique. Eislaufen war toll. Erst war das nur so ein Gekratze an der Bande entlang, dann schoss ich über die Eisfläche. Auch Eishockey fand ich großartig. Eschweiler hatte eine eigene Mannschaft, und der sah ich einmal beim Training zu. Dort habe ich Matthias entdeckt.

Ich fand es faszinierend, wie er sich auf dem Eis bewegte. Er war einer der besten Spieler. Sehr flink, sehr schnell. Ich habe mich in ihn verguckt.

Matthias war groß, schlaksig, hatte wenig Figur und blonde kurze Haare. Und er hatte unheimlich schlechte Zähne. Faul und schief. Aber das hat mich alles nicht gestört. Matthias war Klempner. Und er konnte mir was bieten. Er hatte ein Auto und ich war froh, einen Freund abgekriegt zu haben. Es ist wunderbar für eine 15-Jährige, vom Freund aus der Schule mit dem Auto abgeholt zu werden. Matthias fuhr dann majestätisch mit seinem riesigen alten braunen Ford Taunus vor und ich stieg ein. Was für ein Auftritt. Nur Sex hatten wir nie in diesem Auto. Obwohl es sich wegen der Größe dazu angeboten hätte. Aber Matthias war in jedem Fall der erste Mann, mit dem ich Sex hatte.

Das Einzige, was mir davon in Erinnerung geblieben ist, dass es schrecklich war. Matthias hat mich aber nicht dazu gedrängt. Erst als wir ein halbes Jahr lang miteinander gingen, hat er vorsichtig mit dem Thema angefangen.

»Ich würde gerne mal mit dir schlafen!« Ich schwieg. Ich hatte Angst. Ich wusste ja nicht, wie das geht.

Was macht man beim Sex? Man liest zwar so viel, auch auf den Aufklärungsseiten von Bravo. Doch wenn es darauf ankommt, steht man doch wieder völlig ahnungslos da. Ich wusste nur aus der Zeitung, wie ein Penis aussieht. Und als ich schließlich einen echten Pimmel vor mir hatte, ekelte ich mich ihn anzufassen.

Matthias war nett zu mir. Ich bin zweieinhalb Jahre mit ihm zusammengeblieben. Ich weiß nicht, ob ich ihn wirklich geliebt habe. Jedenfalls nicht so, wie ich meinen Mann liebe. Matthias war wohl eher ein Strohhalm, an den ich mich klammerte, aus Angst, wieder in meiner Einsamkeit zu versinken.

Wenn wir miteinander schliefen, war das immer entweder bei ihm zu Hause oder bei mir. Wir hatten beide unsere eigenen Zimmer. Aber bei mir waren die Umstände nicht gerade ideal. Mein Zimmer im ersten Stock war zwischen Treppenflur und Elternschlafzimmer. Meine Eltern mussten deshalb immer durch mein Zimmer durch, wenn sie zu Bett gingen. Wir haben am Knarren der Holztreppe gehört, wenn jemand hochkam. Dann haben wir sofort alles gestoppt, die Bettdecke über uns geworfen und so getan, als ob wir schlafen würden.

So sind wir mit der Zeit hauptsächlich bei Matthias gelandet, auch, weil mein Vater Matthias nicht besonders mochte. Matthias war ein kleiner Angeber, das war der Grund, warum mein Vater mit ihm nicht klar kam. Matthias konnte alles, wusste alles, hat alles geschafft.

Mein Verhältnis zu Matthias' Mutter war sehr gut. Sie erzog ihre vier Kinder ganz alleine, weil sie von ihrem Mann verlassen worden war.

Eltern, die sich nicht mehr mochten. Das habe ich mir immer sehr bitter vorgestellt und bin heute froh, dass meine Mutter und mein Vater sich noch immer verstehen. Natürlich gab es auch bei uns manchmal Streit – aber niemals hatte ich den Eindruck, dass meine Eltern über eine Trennung nachdenken würden. Die beiden halten sich heute noch die Händchen, schmusen und liegen beisammen auf der Couch. Es ist unvorstellbar für mich, dass ich diese zwei Menschen, Franz und Monika Jänke, jemals verlieren könnte. Ein einziges Mal hatte ich Angst, dieser Augenblick sei gekommen. Das war der Tag, als meine Eltern entdeckten, dass ich Pornos drehe.

Es war im Sommer 1996. Mein Mann Axel und ich waren gerade aus dem Urlaub mit meinen Schwiegereltern in Ascona zurückgekehrt. Und wie ich das immer tue, habe ich sofort meine Mutter angerufen. Um ihr zu sagen, dass wir heil zu Hause angekommen sind. Und in dem Moment, als sie abhob, merkte ich, dass irgendwas nicht in Ordnung war.

»Hey Mama, was ist denn los?«, fragte ich. Sie sagte nichts.

Schweigen.

Dann habe ich gemerkt, dass meine Mama fast lautlos weinte.

»Ich habe einen Film von dir gesehen.« Wir waren ja sooo naiv. Wir dachten, es kommen jeden Monat Hunderte Filme auf den Markt, da wird dieser eine mit uns beiden ja nicht weiter auffallen. Was für ein Irrtum.

Der Film war ein Amateurstreifen mit dem Titel »Amateure zum ersten Mal gefilmt?« Amateurfilme verkaufen sich sehr gut. Und der Vorteil für den Produzenten ist, sie kosten nicht viel in der Herstellung.

Nun, meine Eltern haben nicht den ganzen Film gesehen. Das war auch nicht nötig. Der Anfang genügte. Und ich kann verstehen, dass sie sich den Rest ersparen wollten.

Ich sitze da in einem Korbstuhl mit riesiger Lehne.

Und masturbiere.

Ich sehe furchtbar aus, habe miserables Make-up drauf, blauen Lidschatten, hässliche Lippenstiftfarbe. Nie im Leben würde ich mich heute so zurechtmachen. Aber es sollte schließlich amateurhaft aussehen. Das Ganze war in Alsdorf bei Eschweiler gedreht worden, also ganz nahe bei uns zu Hause. In der darauffolgenden Szene kommt Axel dazu und fängt an mich zu streicheln.

Mein Bruder Guido war wohl von einem Freund aufmerksam gemacht worden, der sich den Film besorgt und Axel erkannt hatte. Leider hatte er nichts anderes zu tun, als ihn sofort meinen Eltern zu zeigen. Ich kann mir schon vorstellen, wie das kam.

»Hier, ich hab da einen Film ausgegraben, wo deine Schwester lustig mit ihrem Mann vögelt ...«

Ich denke, er kam damals noch nicht klar damit, dass ich Dinge tue, die der bürgerlichen Vorstellung vom geregelten Leben nicht entsprechen. Jedenfalls hätte ich mir gewünscht, dass meine Eltern auf andere Weise von den Dingen erfahren, die wir machen. Dass es dann so aufflog, bedaure ich sehr.

Wir haben ja auch selbst nicht gewusst, dass dies der Anfang meiner erstaunlichen Karriere war. Natürlich habe ich insgeheim mit der Idee kokettiert, professionell Pornos zu drehen. So wie andere davon träumen, einen Weinberg zu besitzen. Oder die Welt zu umsegeln. Nüchtern betrachtet konnte ich mir das zu diesem Zeitpunkt aber noch nicht vorstellen. Für meine Verwandtschaft war diese Nachricht allerdings ein Schlag ins Gesicht.

Viele liebe Menschen haben sich damals von uns abgewendet. Ich erinnere mich an Tante Walli, die Schwester meiner Mutter, und Onkel Oskar. Die haben auch zwei Töchter. Bei denen habe ich als Kind sehr oft geschlafen.

Das war total aufregend, wenn ich übers Wochenende dort bleiben durfte. Meine Tante hat mich am Nacken immer in den Schlaf gekrault. Dieser Kontakt ist komplett abgebrochen. Keiner wollte sich mit dem Gedanken anfreunden, dass ich jetzt Pornodarstellerin bin.

Die Einzigen, die immer zu mir gehalten haben, sind meine Schwiegereltern, Eltern und meine Großeltern. Und darum war auf einmal bei den Familienfesten diese Distanz da, eine gewisse Kälte. Aber die Wenigsten haben sich offen beschwert. Nur eine Tante sagte: »Eine Jänke macht so etwas nicht.« Ich hätte schließlich einen richtigen Beruf erlernt.

»Wie kannst du nur in so etwas Abartiges abgleiten?«

Dann gab es noch die Diskussion mit meinem Bruder und seiner Frau. Auch sie kamen damit nicht zurecht.

»Kommst du dir nicht vor wie eine Nutte?«

Ich habe gesagt, was ich dann immer sage: »Nutten machen das für Geld. Ich mache es aus Lust und Leidenschaft. Es ist meine freie und unabhängige Entscheidung. Es ist ein Ausbruch in eine Welt, die ich unheimlich spannend finde.«

Denn wir waren auch selbst ständige Konsumenten von Pornofilmen. Und es hatte uns gejuckt, mehr darüber zu wissen, wie das abläuft bei so einer Produktion. Wir hatten in »Happy Weekend« geblättert, einem Pornomagazin mit vielen Kontaktanzeigen. Dort werden auch Darsteller für Filmproduktionen gesucht. Und wir hatten die Anzeige einer Firma namens Ulv aus Alsdorf gelesen.

Ulv steht für Uwe Levitzke. Ein Amateurfilmer, der sich gemeinsam mit seiner Frau Hilde ein Nebeneinkommen als Produzent geschaffen hatte. Sie organisierte die Drehs, er machte Kamera und Regie. Die fertigen Filme wurden an die Firma Puaka aus Wiesbaden weitergereicht, die sie vermarkteten. Puaka ist einer der großen Player am deutschen Hardcore-Markt.

Wir riefen also an und vereinbarten einen Termin für ein Bewerbungsgespräch. Die wollten sehen, wie wir aussehen. Ich hatte eine braune, schulterlange Dauerwelle und wog an die 60 Kilo. Uwe Levitzke befragte uns nach besonderen sexuellen Vorlieben. Er wollte wissen, wie weit wir vor der Kamera gehen würden. Und offenbar hinterließen wir einen angenehmen Eindruck, denn wir vereinbarten einen Drehtermin. Nicht ein einziges Mal kam uns in den Sinn, dass wir mit diesem Beschluss praktisch den Schritt an die Öffentlichkeit machten. Dass jeder, der will, diesen Film kaufen kann. Und dass unsere Familien früher oder später davon erfahren würden. Wir hatten Bock darauf und haben alle Einwände verdrängt.

Es kam zum Dreh auf einem Bauernhof. Es hat wunderbar geklappt, Uwe Levitzke war sehr zufrieden mit uns. Und wir auch. Wir waren geil. Unendlich geil.

Ich sitze auf diesem Stuhl mit der überdimensionalen Lehne, befriedige mich, Axel kommt hinzu, streichelt mich vom Hals über die Brust abwärts und fängt an mich zu lecken. Dann blase ich ihm einen und es wird gevögelt. Es war nicht so, wie wenn wir ohne Beobachter gewesen wären. Es war besser. Amateure zum ersten Mal gefilmt – so hieß nicht nur der Film, so fühlten wir uns auch. Es war eine Premiere, für uns vielleicht noch viel spannender als für die Pornogucker, wenn man bedenkt, dass wir nichts Ungewöhnliches vor der Kamera gemacht haben. Es ist sowieso meistens die Standardleier: Lecken, Blasen, Vögeln.

Uns hatte es Spaß gemacht. Und es gab ein nettes Taschengeld. Ich glaube, wir haben 500 Mark bekommen. Für einen halben Tag Sex vor der Kamera.

Wir haben im Lauf der Zeit eine enge Freundschaft zu Uwe und Hilde aufgebaut, die etwas über ein Jahr dauerte. Inzwischen ist der Kontakt abgebrochen, die beiden haben sich getrennt. Aber als die Freundschaft intensiver geworden war und wir auch einmal zu viert einen Film gedreht hatten, dehnte sich dieser sexuelle Kontakt auch in den privaten Bereich aus.

Uwe und Hilde waren etwa zehn Jahre älter als wir. Er Mitte 30, sie Ende 30. Uwe war groß, hatte einen Schnauzbart, blonde Haare und meistens einen Dreitagebart. An Hilde hat mir besonders ihr hübsches Gesicht gefallen. Sie war nicht sehr schlank, hatte aber eine sympathische Ausstrahlung. Es war eine schöne Zeit mit unseren Freunden. Uwe und Hilde haben uns den Hardcore näher gebracht, sie haben uns Türen in eine frei gelebte Sexualität geöffnet, die wir bis dahin noch nicht kannten. Und sie haben sich auf eine selbstbewusste Art gehen lassen, die wir sehr bewunderten.

An eine lustige Begebenheit erinnere ich mich gerne zurück. Wir fuhren zu viert in unserem Auto, Axel lenkte, ich saß neben ihm, unsere Freunde hinten. Und weil die sich gerade danach fühlten, haben die mitten im Straßenverkehr einfach gevögelt. Das hat uns beeindruckt. Uwe und Hilde haben uns den letzten Rest unserer Scheu genommen. Wie sonst hätte ich es schaffen können, zu einer derart öffentlichen Person zu werden?

Was aber nicht heißen soll, dass ich sexuell verklemmt erzogen worden wäre. Es gab kein Problem mit Nacktheit, keiner hat sich vor dem anderen versteckt oder schnell ein Handtuch vorgehalten. Meine erste Periode kam trotzdem sehr überraschend.

Ich war zwölf und darauf, was mit mir geschah, nicht vorbereitet. Es war im Sommer. Ich habe plötzlich geblutet und mich nicht getraut, es meiner Mama zu erzählen.

Ich war geschockt. Es war wie in den »Dornenvögeln«, als Maggie ihre erste Blutung hat und fürchtet, dass sie sterben muss. Die befleckte Unterhose habe ich einfach unter die Schmutzwäsche gesteckt. Ich habe mir gesagt, warte ab. Wenn dann nichts Weiteres kommt, kann es ja nichts Schlimmes sein.

Ich wusste gar nicht, dass es so etwas wie eine Periode gibt. Das Blut war so seltsam. Nicht so hellrot, wie aus einer frischen Wunde, sondern bräunlich und krümelig. All das war äußerst beunruhigend.

Dann, einen Tag später, kam meine Mutter zu mir ins Zimmer. Sie hatte den Slip unter der Schmutzwäsche entdeckt. Und sie hat mich über die Vorgänge in meinem Körper aufgeklärt. Mit der Michi habe ich dann über die Hygieneartikel geredet, die man verwenden muss. Über die Schmerzen. Und über alles, was man unter besten Freundinnen in dieser Angelegenheit so bespricht.

In der Schule war ich ein Streber und besonders gut in Englisch, Französisch und Biologie. Physik und Chemie fand ich schrecklich. In Sport war ich am schlechtesten. Das hat mir den ganzen Notendurchschnitt kaputt gemacht. Aber Deutsch mochte ich. Ich habe gerne Aufsätze geschrieben und auswendig gelernt. Die Sprache in ihre Bestandteile zu zerlegen – das gefiel mir. Aber mein Lieblingsfach war Biologie.

Ich bin nämlich ein ziemlich detailverliebter Mensch. Nichts hat mich aber so sehr fasziniert wie die Biologie. Anatomie, Physiologie, die ganze Körperkunde hat mich gefesselt. Und deshalb ist mir auch klar, dass ich später Kinderkrankenschwester werden musste. Die Organe und ihre Funktionen studiere ich heute noch, wenn ich einen interessanten Artikel entdecke oder im Fernsehen eine Sendung darüber läuft. Und es ist wohl etwas weit hergeholt, wenn man jetzt einen Zusammenhang zwischen dieser frühen Leidenschaft und meiner späteren Laufbahn ziehen möchte. Aber vielleicht ist auch was dran.

Ich habe mich im Krankenhaus nie vor Körpern geekelt, genauso wenig wie beim Pornodreh. Ganz im Gegenteil. Es gibt ja die Vorstellung, Pornos zu drehen sei eine unappetitliche Sache, wegen all der Körpersäfte. Aber für mich ist das erstens natürlich. Und zweitens ist es einfach etwas Wunderschönes, wenn man Sex hat.

Nur leider kommt das in einem Großteil der Pornofilme nicht richtig zur Geltung, und es ist absolut kein Wunder, dass nur so wenige Frauen Pornos ansehen möchten. Es gibt darin jede Menge Elemente, die Frauen nicht gefallen. Insbesondere die Auswahl an männlichen Darstellern lässt zu wünschen übrig. Ich konnte mir glücklicherweise immer die Jungs aussuchen, mit denen ich drehte. Aber irgendwann wird auch der netteste Kerl langweilig.

Denn es ist immer nur ein kleiner Kreis von Darstellern, mit denen die Produktion gerne zusammenarbeitet und die der Regisseur kennt. Mit denen wird dann regelmäßig gedreht. Deswegen gleichen sich auch so oft die Filme. Es müsste eindeutig mehr Männer in der Pornoindustrie geben. Ich sehe jedenfalls immer nur dieselben Gesichter. Und genau das ist einer der Gründe, weshalb mir später der Abschied aus der Hardcore-Szene nicht sehr schwer gefallen ist.

Bis dahin war's in den 80ern aber noch ein weiter Weg. Mit meinem Körper kam ich damals immer noch nicht klar. Ich war pummelig, das stand fest. Meine Kleidergröße war 40. Und das in einem Alter, wo das Äußere das alles entscheidende Kriterium in Flirtdingen ist. Ich sah die anderen schlanken Mädchen. Ich sah, wie sie in der Schuldisko abrockten, und ich konnte mich nicht mal vernünftig bewegen. Und so habe ich aus Frust weitergemampft, habe die Köstlichkeiten, die es bei uns zu Hause gab, in mich reingestopft und habe mich in mein Bettchen unter dem Dach geflüchtet und geflennt.

Wenn wir uns für die Disko zurecht machten, sah Michi immer noch besser aus. Dann stand sie immer noch im Mittelpunkt. Aber ich konnte sie nicht hassen. Ich hasste mich selbst. Ich hasste mich dafür, dass ich so beschissen aussah.

Und ich hasste Gott dafür. »Warum bestrafst du mich so?«, habe ich ihn gefragt. »Warum bestrafst du mich mit dieser Figur?«

Ich gehe selten in die Kirche. Aber ich bin ein sehr gläubiger Mensch. Ich glaube an Gott. Ich halte nichts davon, regelmäßig in den Gottesdienst zu pilgern und dem lieben Herrn da oben zu huldigen und ihn zu preisen und den Worten zu lauschen, die da runtergeleiert werden. So möchte ich meinen Glauben nicht leben. Ich renne nicht zu Weihnachten und nicht zu Ostern in die Kirche. Diese Pflichtgänge halte ich für Heuchelei.

Aber ich kann mich an einen Satz erinnern, den Jesus selbst gesagt hat: Du findest mich überall. Unter jedem Stein, den du umdrehst, wirst du mich finden. Also habe ich Gott angefleht, dass er mich rettet. Dass irgendwann etwas mit mir passieren solle. Ich wünschte mir so sehr, dass ein bisschen Goldstaub für mich abfiele.

Ich glaube, dass es eine Bestimmung gibt, in der festgeschrieben worden ist, dass ich so aussah wie ich aussah. Und dass ich heute bin wie ich bin. Aber um an Gott zu denken, braucht man Zeit. Während eines Pornodrehs an Gott zu denken ist unmöglich. Man konzentriert sich auf zu viele Dinge. Man braucht Ruhe. Wenn ich mit Gott spreche, will ich nicht abgelenkt sein. Ich fände es außerdem unhöflich, mal so zwischendurch ein paar Worte an ihn zu richten. Das mache ich meistens nachts oder wenn ich im Flugzeug sitze.

Und ich denke, mein Beten wurde wirklich erhört. Ich spreche nicht nur mit Gott, um ihm meine Wünsche zu äußern, sondern auch um mich zu bedanken. Ich bedanke mich regelmäßig für das, was ich bisher erreicht habe. Ich bedanke mich für den Ehrgeiz, den er mir geschenkt hat, und für meine Familie, das Wertvollste das ich habe. Ich war ihm auch dankbar, als er meine Omi zu sich nahm.

Omi ist 78 geworden. Sie starb im April 2001 im Krankenhaus von Eschweiler. Sie hat sehr gelitten, und ich gebe zu, dass ich froh war, als es vorüber war. Omi war stark übergewichtig und ist an ihrem dritten Herzinfarkt verstorben.

Ich konnte Omi nicht mehr sehen, weil ich so beschäftigt war. Ein Fehler, den ich zutiefst bereue. Nichts auf der Welt kann wichtiger sein als einem lieben Menschen noch mal ganz nahe zu sein, bevor er uns für immer verlässt.

Eine Woche, bevor meine Omi starb, hatte ich so ein Gefühl. Ich sollte sie anrufen, dachte ich mir, und wir haben nett geplaudert. Ich habe sie zu uns nach Frankfurt eingeladen, und sie meinte, wenn sie wieder auf den Beinen wäre, käme sie uns gerne besuchen. Leider ist nichts mehr daraus geworden. Aber wenigstens gesprochen habe ich mit ihr noch einmal.

Als ich die Nachricht von ihrem Tod erhielt, war ich zum ersten Mal unsicher, ob ich meine Rolle als öffentliche Person weiterspielen sollte. Meine Mutter rief mich an, als ich gerade bei einer Benefizveranstaltung in Frankfurt war. Es war ein Fußballspiel, Eintracht Frankfurt gegen Bayern München. In der Halbzeitpause wurde ein Elfmeterschießen für Prominente veranstaltet. Mit

Messinstrumenten, um die Geschwindigkeit des Balles im Flug messen. Und wir haben um die Wette geschossen. Pro zehn Stundenkilometer gab es eine Prämie, die an das Frankfurter Clementine-Kinderhospital gespendet wurde. Dort habe ich früher gearbeitet und war auch deshalb eingeladen.

Normalerweise genieße ich das Interesse von Journalisten und Kameraleuten. Aber in diesem Moment merkte ich, dass das Bedürfnis nach Bildern und Informationen auch seine Schattenseiten hat. Jeder Prominente kennt das, nur die wenigsten geben allerdings zu, dass sie aus freien Stücken den Schritt in die Öffentlichkeit gewählt haben.

Kurz nachdem ich in der VIP-Lounge eingetroffen war, vor der Halbzeit, rief meine Mama an. Ich bin sofort in Tränen ausgebrochen. Mein erster Wunsch war, nach Hause zu fahren und mit meiner Trauer alleine zu sein. Rund um mich war eine Bombenstimmung, die Leute tranken und hatten Spaß. Und ich stand mittendrin und heulte.

Axel und ich haben in unserer Trauer gar keinen klaren Gedanken fassen können. Axel telefonierte. Ein guter Freund, der viele Jahre im Künstlermanagement tätig ist und uns berät, wann immer wir in Bedrängnis sind, sagte ganz klar: »Das ist eine Tragödie, doch du kannst nicht ändern, was geschehen ist. Sei ein Profi und gib dem Publikum die Show, die du ihm versprochen hast. Alles andere wirst du später bereuen.«

Also habe ich meinen Auftritt durchgezogen. Und es ist mir tatsächlich gelungen, niemanden merken zu lassen, wie es in mir drinnen aussah. Ich wollte nicht, dass irgendjemand weiß, dass meine Omi gestorben ist. Und ich bin froh, dass es mir gelungen ist, die Trauer zu verbergen.

Denn diese Trauer war etwas sehr Intimes. Sicher, manchmal werde ich gefragt, wie ich damit lebe, dass so viele Menschen zum Beispiel meine Vorlieben kennen. Und ich sage ihnen, damit habe ich nicht das geringste Problem. Ich lasse gern alle an meinem Leben teilhaben. Nur bei meiner Familie hört sich der Spaß auf. Da bin ich empfindlich.

Schließlich haben sie sich nicht diese Öffentlichkeit ausgesucht und sind viel verletzlicher als ich. Meine Familie ist mein wunder Punkt. Dieses Buch ist die einzige Ausnahme, die ich mache, weil ich das Gefühl habe, dass es wichtig ist, diese Dinge offen anzusprechen.

Selbst bei meinem Mann, der mich überall hin begleitet, bin ich vorsichtig. Ich will ihn heraushalten. Das geht natürlich nicht immer. Wenn wir bei einer Filmpremiere über den roten Teppich gehen, werden wir nun mal zusammen fotografiert. Aber ich will nicht, dass jemand meinetwegen die Ess- und Schlafgewohnheiten meiner Eltern aufschreibt. Das geht einfach niemanden etwas an.

Dennoch drängt es mich noch mehr in die Öffentlichkeit: Ja, es ist mein erklärtes Ziel, noch berühmter zu werden. Es ist schön, bewundert zu werden. Aber eben nicht mehr nur dafür, dass ich dicke Brüste habe. Jetzt nicht mehr. Ich möchte Schauspielerin werden. Eine gute Schauspielerin. Mir ist klar, dies ist ein gewagtes Projekt. Vor allem nach meiner Vergangenheit.

Es ist ein neuer Wendepunkt in meinem Leben.

Es wird sich zeigen, ob ich den Sprung vom Pornostar zur anerkannten Aktrice schaffe. Ich weiß, dass ich das Zeug dazu habe. Und es wäre nicht das erste Mal, dass ich mich aus eigenen Kräften zu einem Ziel durchkämpfe.

Ich hatte einen Freund, der gut zu mir war und meine Nähe wollte. Das kleine pummelige Mädchen aus Eschweiler wurde begehrt. Und das war nur der Anfang.

III Profi in Weiß: Die Legende vom geilen Karbolmäuschen

Eigentlich wollte ich nach der Schule Säuglingsschwester werden und nur mit den ganz kleinen Babys arbeiten, weil ich die so niedlich finde. Doch eine spezielle Ausbildung dafür gab es nicht. Es gab nur die Möglichkeit, eine komplette dreijährige Ausbildung zur Kinderkrankenschwester zu machen, die eine Säuglingspflegeausbildung beinhaltet. Die habe ich gemacht.

Ich habe dafür sogar extra ein Jahr Praktikum auf der Erwachsenenstation im Krankenhaus dran gehängt. Weil ich nach der Realschule erst 17 war. Und man laut Gesetz volljährig sein musste, um den Beruf der Kinderkrankenschwester auszuüben.

Ich habe noch während der Schule mit dem Gedanken gespielt, Kinderärztin zu werden. Doch diese Ausbildung war mir zu langwierig. Ich wollte zur Sache kommen und habe mich für den Pflegeberuf entschieden.

Doch auf der Erwachsenenstation stellte ich fest, dass mich die Arbeit mit den großen Kranken wenig befriedigte. Ich wollte zu den Kindern. Einem Kind die Windeln zu wechseln, es zu umsorgen, seine Bedürfnisse zu interpretieren fand ich reizvoller. Waschen, Zurechtmachen, Eincremen der Kinder habe ich in vollen Zügen genossen. Ich hatte das Gefühl, dass sie mich viel dringender brauchten als die Erwachsenen.

Und ich fühle mich wohl, wenn ich den Eindruck habe, dass Menschen mich brauchen. Vielleicht hat es mich zunehmend deshalb auf die Neurologiestation mit den schwereren Fällen gezogen. Denn auch die »normale« Station mit Durchfall, Masern, Windpocken, also den üblichen Kinderkrankheiten, hat mich im Laufe der Zeit nicht mehr genug gefordert. Wenn es dann vorkam, dass ein behindertes Kind auf meiner Station abgegeben wurde, um kurzfristig die Eltern zu entlasten, galt diesem einen Kind meine ganz besondere Fürsorge.

Nach Beendigung des Praktikums blieb ich im Krankenhaus von Stolberg, wo ich bis Ende 1995 auf der Klein- und Schulkinderstation für die zwei- bis 14-jährigen Kinder meinen Dienst tat. Der Anteil an körperlich oder geistig Schwerstbehinderten betrug dort etwa zehn Prozent.

Ich kann verstehen, warum dieser Beruf so wenig beliebt ist. Wegen der schlechten Bezahlung und der Arbeit in drei Schichten. Eine Schicht dauert siebeneinhalb Stunden. Die Frühschicht beginnt um sechs Uhr morgens und dauert bis zehn nach zwei Uhr nachmittags. Nachtdienste dauern 14 Stunden, von 20 Uhr bis zehn Uhr morgens. Das schlaucht. Besonders, wenn man eine Fünftagewoche hat.

Die Tätigkeit umfasst grob gesagt Körperpflege, Therapien und Füttern. Und über allem steht natürlich die seelische Betreuung. Das, was dir keine Ausbildung der Welt vermitteln kann. Knochenbrüche, Kinderkrankheiten und sehr viele Magen- und Darmerkrankungen waren zu behandeln. Die Schwerbehinderten waren meist bei Unfällen unter Wasser geraten. Durch den Sauerstoffmangel hatten sie bleibende Hirnschäden davongetragen. Bei so einem Unglück zählt jede Sekunde, in der das Kind unter der Oberfläche ist und innerhalb welcher Frist die Wiederbelebung erfolgt.

Es gab auch Kinder mit Diabetes, Lungenentzündung, Hirnhautentzündung mit und ohne Folgeschäden. Oft hatte ich auch mit deren Eltern zu tun. Mit ihnen muss man sehr behutsam umgehen. Eigentlich gehört es zur Behandlung, die ganze Familie seelisch zu betreuen.

Für meinen Job der Pornodarstellerin war es sehr nützlich, all diese Erfahrung gesammelt zu haben. Auch für den Umgang mit Fans und der Presse. Dass ich nicht unbeholfen dastand wie eine Zwanzigjährige, als der ganze Medienrummel losging, habe ich mit Sicherheit auch dieser extremen Praxis zu verdanken.

Ich bin eine sehr ruhige Person. Um mich herum kann die Welt untergehen und ich bleibe gelassen. Wenn ich mit meinem Mann unterwegs bin und um uns herum quäken und toben die Kinder anderer Leute, kann ich direkt zusehen, wie ihm der Hals immer dicker wird. Mir macht das gar nichts aus.

Mit den Eltern behinderter Kinder ist es nicht ganz leicht. Dabei wollen sie im Grunde nur so normal wie möglich behandelt werden. Sie wollen auf keinen Fall Mitleid. Sie wollen Fürsorge und Geborgenheit. Und die Sicherheit, dass sie ihr Kind auch mal mit gutem Gewissen zurücklassen können, um sich frisch zu machen oder sich einmal anderen Dingen zu widmen. Doch gerade bei den Schwerstbehinderten merkt man oft auch sehr deutlich, dass die Ehen dieser Eltern durch ihre aufreibende Pflege sehr belastet sind.

Es lag bei uns Schwestern, darauf zu achten, dass – meistens die Mutter – wieder in ihr Familienleben zurückkehren konnte und ihren Partner oder ihre anderen, gesunden Kinder nicht zu sehr vernachlässigte. Das haben diese Eltern nicht bewusst getan: Sie hatten einfach diesen Drang, immer beim Kind zu kleben. Wir mussten sie davon überzeugen, dass es auch noch etwas anderes gibt, als ihr behindertes Kind. Und das gelang nur, indem wir ihnen die Verantwortung aus der Hand rissen. Manchmal mit Nachdruck.

Ich habe durch meine rheinische Herkunft eine ziemlich lockere Klappe. Und bei uns waren – so makaber das klingt – fast immer nur Stammgäste auf der Station. Die kamen regelmäßig mit ihren Kindern zu uns. Diese Kinder sind ja sehr anfällig. Ständig bekommen sie Magen-Darm-Grippen oder Lungenentzündungen, weil das Immunsystem einfach nicht intakt ist. Ich habe es geschafft zu diesen Eltern einen guten Draht aufzubauen. Wenn ich den Eindruck hatte, dass sie mir ein wenig Vertrauen entgegenbrachten, sagte ich schon mal: »Liebe Frau, fahren Sie jetzt mal nach Hause, legen Sie sich in die Badewanne, machen Sie sich ein schönes Essen und genießen Sie den Abend mit Ihrem Mann. Ihr Kind ist hier in guten Händen. Verlassen Sie sich darauf.«

Wenn die dann wirklich gingen, war das ein Erfolgserlebnis für mich. Weil sie mir Vertrauen zeigten. Natürlich bekamen wir auch kleine Geschenke. Schokolade, Kaffee. Aber das Wichtigste war für mich dieses Vertrauen.

Außerdem hatten sie die Gelegenheit, jederzeit anzurufen. Wenn ich Nachtdienst hatte, durfte ich ohnehin nicht schlafen. Ich kann mich erinnern, dass nach so einer freien Nacht eine Mutti zu uns kam und wie verwandelt wirkte. Die war schön zurechtgemacht, geschminkt und sah richtig glücklich aus. Vor allem hatte sie es genossen, einmal richtig ausschlafen zu können.

Das war das Schöne an diesem Job – anderen Menschen zu helfen. Nicht nur den Kindern, sondern der ganzen Familie. Sonst hätte ich dieses Leid nicht ausgehalten. Das geht nur mit Idealismus.

Das Verhältnis zwischen den Ärzten und dem Pflegepersonal war locker, aber respektvoll. Das Klischee vom immer geilen Karbolmäuschen ist freilich kompletter Quatsch. Natürlich gab es eine Hierarchie. Den Chefarzt haben wir gesiezt. Zwischen den Stationsärzten und den Schwestern ging es schon freundschaftlicher zu. Jeder hatte seinen Aufgabenbereich.

Leider war im Stolberger Krankenhaus alles noch ziemlich steril. Alles war weiß. Nur die Kittel durften schon bunt sein. Dann haben wir durchgesetzt, dass die Gardinen und das Bettzeug bunter wurde. Für die Kinder ist diese Umgebung sowieso schon schlimm genug. Das wusste ich aus eigener Erfahrung aus der Kinderklinik.

Im Unterkurs, ganz am Anfang meiner Ausbildung, habe ich etwa 500 Euro verdient. Im Oberkurs 650 Euro. Als ausgebildete Kinderkrankenschwester kam ich ohne Nachtdienst auf 1100 Euro. Später, im Clementine Kinderhospital in Frankfurt kam ich mit Nachtschichten auf 1750 Euro brutto.

Wer diese Zahlen kennt, dem ist klar, dass man den Beruf der Krankenschwester nicht nur als Erwerbsquelle betrachten darf. Wenn du diesen Job so siehst, gehst du daran kaputt. Ich habe es also gerne getan. Die Dankbarkeit der kranken Kinder hat mich glücklich gemacht. Wenn sie nach einer überstandenen Krankheit wieder kauen und schlucken können, war das ein herrliches Geschenk. Wenn ein schwerstbehindertes Kind dich dann anlächelt, dann ist das so wunderschön, dass du dein Leben lang nichts anderes mehr sehen willst.

Wahrscheinlich merkt man es: Über meine Zeit als Kinderkrankenschwester erzähle ich genauso gerne wie über das Hardcore-Geschäft. Das waren immerhin zehn Jahre meines Lebens, die ich damit verbracht habe. Von 1988 bis 1998. Diese Zeit ist mit wunderschönen Erinnerungen verbunden. Und den ersten zehn gemeinsamen Jahren mit Axel Schaffrath, dem Mann meines Lebens.

IV Sie dürfen die Braut küssen: Der Mann meines Lebens

Meine Arbeit als Krankenschwester ist zeitlich eng verbunden mit meiner großen Liebe. Denn als ich diesen Beruf ergriff, habe ich mich zugleich in Axel verliebt. Und was ich an ihm in all den Jahren zu schätzen lernte, ist die Toleranz, die er mir und meinem Job entgegenbrachte. Denn der Mann einer Krankenschwester braucht Geduld.

Toleranz ist eine der nobelsten Eigenschaften, die ich kenne. Ich brauche diese Toleranz. Toleranz gegenüber dem, was ich tue. Und Toleranz gegenüber der Tatsache, dass ich auch mal gerne mit einem anderen Mann schlafe.

Axel kannte ich eigentlich schon in der Schule. Er war einer der Organisatoren unserer Schuldisko in der Aula. Aufgefallen ist er mir damals nicht. Ich habe ihn zur Kenntnis genommen als einen von mehreren aus einer unangenehmen Clique von Störenfrieden, die nichts als Unsinn im Kopf hatten. Axel ging in die Parallelklasse von mir. Dieser Axel aus der Schulzeit sah in meinen Augen furchtbar aus, ganz anders als der, dem ich zwei Jahre später noch mal begegnete.

Der furchtbare Axel hatte lange Haare. Ich fand ihn ungepflegt. Er war einer von denen, die in der Ecke gestanden und eine geraucht haben, obwohl das verboten war. Nachts ist er mit seinen Freunden in die Turnhalle eingestiegen und hat dort alles durcheinander gebracht.

Er hat Mülleimer angezündet und bekam schließlich Hausverbot. Um es auf den Punkt zu bringen: Axel war überhaupt nicht mein Traumtyp.

Der Funke sprang über in einer Diskothek in Eschweiler. Der Laden hieß »Glory's«. Ich war mit meinem damaligen Freund Matthias da. Die Beziehung bröckelte bereits. Matthias hatte nämlich angefangen, das Wort »Verlobung« in den Mund zu nehmen und obendrein die Worte »Heiraten« und »Kinderkriegen« dazu gelegt. Mein Gott, ich war doch erst 18. Da hatte ich wirklich noch keine Lust auf so etwas. In dieser Zeit geschah es wohl schleichend, dass sich unsere Interessen trennten.

Ich machte bei meinem Onkel Eckardt, der eine Fahrschule besaß, den Führerschein und ging in die Diskos. Matthias war 25, der hatte das schon alles hinter sich. Er hatte sich ausgetobt und war ruhiger geworden.

Ich kaufte mir einen kleinen Opel Corsa. Gebraucht. Den liebte ich über alles. 6000 Mark hat er gekostet. Die hatte ich zusammengespart. Sparen, das kann ich. Immer noch. Beim Geld zusammenhalten bin ich gut.

So habe ich mich auch mit dem kleinen Corsa zunehmend von Michael distanziert und bin alleine mit meinen Freundinnen auf die Rolle gegangen. Auch an dem Abend, als ich Axel begegnete, war ich mit meinen Kolleginnen aus dem Krankenhaus aus.

Ein anderer Schulfreund von mir, Stefan, quatschte mit mir. Ich glaube, weil er sich auch ein wenig in mich verknallt hatte. Da kam Axel vorbei, den ich überhaupt nicht als meinen ehemaligen Mitschüler erkannte. Er sah ganz anders aus. Kurze Haare, gepflegtes Auftreten. Stefan machte uns beide bekannt. Irgendwas dämmerte mir.

Axel und er waren befreundet. Und als die zwei abseits standen, fragte Axel: »Wer ist denn die mit der süßen Nase?«

Viel später erfuhr ich, dass es Axel da bereits voll erwischt hatte.

»Das ist die Michaela, die Schwester vom Guido Jänke.«

Mein Bruder Guido, Stefan und Axel hatten nämlich oft Fußball miteinander gespielt.

»Nee! Das glaube ich nicht!«

Denn Axel hatte mich in der Schule genauso abstoßend gefunden wie ich ihn, wie er mir später erzählte. In der Zeit seit unserem Abgang hatten wir beide uns wohl nicht zu unserem Nachteil entwickelt. Ich hatte zwar noch immer Speck auf den Hüften, aber darüber schwebte meine braune Dauerwelle, inzwischen hatte ich meine Kontaktlinsen und von Natur aus einen schönen straffen Busen, Größe 75B.

Axel war sehr schüchtern. Er war kein Strahletyp, und Frauen konnte er nicht anquatschen, wie er kurze Zeit darauf gestand. Dazu fehlte ihm das Selbstbewusstsein. Er war Single. Doch das störte mich zu diesem Zeitpunkt in keiner Weise.

Es war ein Freitag, und wie vor jedem Wochenende habe ich diesem Abend entgegengefiebert. Am nächsten Tag musste ich schließlich arbeiten. Doch die Diskokugel blitze, es war tolle Stimmung in der Schnellengasse, sozusagen der »In-Meile« von Eschweiler. Im »Glory's« spielten sie die modernen Hits der 80er. »Back To Life« von Soul to Soul, »Teardrops« von Womack & Womack, »With Or Without You« von U2.

Axel muss wohl ziemlich verschossen gewesen sein in mich, dass er seinen ganzen Mut zusammenraffte und die paar Meter zu mir herüber kam. Freund Stefan hat ihm noch den wenig aufmunternden Spruch auf den Weg gegeben: »Die kannste vergessen, die ist doch schon seit zwei Jahren mit einem Typen zusammen. Die kriegste eh' nicht.«

Womit er wohl auch ein bisschen im eigenen Interesse sprach.

Axel kam also her zu mir und stellte mir die originelle Frage: »Bist du wirklich die Schwester vom Guido?« Und schon hatten wir ein Thema.

»Ich bin der Axel, wir kennen uns aus der Schule.«

Es folgten zwei entzückende Stunden. Wie wechselten in den Bistrobereich der Disko. Dort gab es die legendärsten Pommes von Eschweiler. Pommes mit Sahnesoße. Die waren Kult. Ich sah ihn da sitzen und seine Pommes kauen und fand ihn auf eine gewisse Weise anziehend. Obwohl ich mich an diesem Abend nicht ihn verliebte. Noch nicht. Aber er hat sich in mich verliebt.

Wir haben lange geredet. Über Gott und die Welt. Zwei Stunden lang nonstop. Über die Lehrer, die Schule, das Kinder kriegen, Partnerschaft. Schließlich stieß unser Freund Stefan zu uns, und wir beschlossen noch in eine Bar in der Nähe zu gehen. Wir leerten eine Flasche Sekt. Und es ging noch mal weiter, in ein anderes Lokal, wo es einen Drink namens Gummibärchen gab. Der schmeckte so, wie er hieß: unglaublich klebrig süß. Und es wurde sehr spät.

Wir holten uns ein Taxi, fuhren in die Waldsiedlung. Axel und ich stellten fest, dass wir einen Kilometer voneinander entfernt lebten, und mussten lachen. An diesem Abend haben Stefan und Axel noch eine Flasche Dom Perignon geköpft, weil Axel so begeistert war, mich getroffen zu haben. Kurz vor unserem Abschied hatte er mir noch einen Zettel zugesteckt mit seiner Telefonnummer und einer Einladung zum Essen. Den trage ich seit dreizehn Jahren in meiner Brieftasche.

Am nächsten Mittwoch rief ich Axel an. Wir verabredeten uns zum Essen. Schon am folgenden Tag. Das war im Burgkeller, einem Romantikhotel mit Restaurant. Axel hatte dort mal ein Praktikum gemacht und kannte das Personal. Ein piekfeiner Laden. Und ich hatte nur Jeans und Pullover an.

Es war wie in »Pretty Woman«. Vor mir stand ein klassisch gedeckter Tisch, hergerichtet für ein Fünf-Gänge-Menü. Eine verwirrende Menge Besteck, zwei Weingläser und ein Aperitifglas. Ich war total überfordert, setzte mich zögernd hin und passte auf, bloß keine falsche Bewegung zu machen.

Axel bestellte für uns zum Hauptgang ein Chateaubriand. Das ist heute mein Leibgericht, wenn wir schön essen gehen. Als der Kellner das Fleisch brachte, wies Axel ihn weltmännisch an, er solle den Filetsaft in die Soße mischen. Als der Kellner nun den blutigen Saft in die Soße béarnaise mengte, wurde mir ganz anders. Aus dem Krankenhaus war ich ja eine Menge gewohnt, aber das fand ich wirklich eklig. Heute mag ich's, aber damals war ich nur verwirrt.

Zum Kaffee wurden uns zwei Milchkännchen aus Schokolade gereicht. Das hatte ich noch nie gesehen. Axel kippte die Milch aus dem braunen Kännchen in seinen Kaffee.

Ich sagte: »Das sieht ja komisch aus.«

Er meinte: »Das kannst du essen.«

»Klar«, sagte ich, und sah ihn an, als ob er mich veräppeln würde.

»Ja! Ist Schokolade. Probier mal.«

Ich muss ein ziemlich doofes Gesicht gemacht haben. Dann knabberte ich ganz vorsichtig mit den Vorderzähnen an dem braunen Kännchen. Tatsächlich. Konnte man wirklich essen. Es war aus Schokolade. Zartbitter.

Axel blätterte 100 Mark für unser Essen auf den Tisch. Das hat mich beeindruckt. Ein Kellnerlehrling mit 286 Mark Gehalt lädt mich so teuer ein. Dann hat er mir beim Gehen auch noch in die Jacke geholfen und mich zur Arbeit gebracht. Perfekt.

Es kam der Freitag. Diskoabend. Ich kam mit Michael in die Diskothek. Axel war auch im »Glory's«, und Michael hat nicht einmal was davon mitbekommen, als ich mit Axel auf die Tanzfläche ging. Ich dachte eigentlich, so etwas müsse man doch merken.

Ich bin nach dem Tanz zu Michael zurück, und wir standen eine Weile herum. Michael zog mich zu sich, hielt mich und küsste mich. Das war ein komisches Gefühl.

Axel erzählte später, das habe ihm so weh getan, als er uns knutschend in der Ecke stehen sah. Er konnte sich das nicht ansehen und ist rausgegangen.

Mittwoch, die dritte Woche, seit wir uns wieder getroffen hatten. Und wieder Disko, Rumstehen und Tanzen im »Glory's«. Ich war alleine da, ohne Michael. An diesem Abend hat Axel mich nach Hause gebracht. Zu Fuß. Von Eschweiler, Stadtmitte, zur Waldsiedlung. Das sind gute sieben Kilometer. Und mittendrin hat es zu Schütten angefangen, wie aus Kübeln. Wir hatten keinen Schirm und waren sofort klatschnass. Aber das hat uns nichts ausgemacht. Es war so romantisch. Jede kleinste Fingerberührung war so intensiv, dass es mich jedes Mal wie ein Blitz durchfuhr.

Dann standen wir vor meiner Haustür und ich wollte ihn nicht gehen lassen, ohne ihn vorher geküsst zu haben. Es sah so aus, als müsste ich den ersten Schritt machen.

Ich weiß noch, er hatte meinen Labello in der Tasche. Den hatte ich ihm gegeben, weil er raue Lippen hatte. Ich fragte ihn: »Willst du ihn mir nicht wiedergeben?«

Axel kramte in seiner Tasche. Und in dem Moment, wo er damit beschäftigt war, den Stift herauszuziehen, habe ich die Gelegenheit genutzt und ihn geküsst.

Es war nur ein Kuss.

Aber der hat eine halbe Stunde gedauert.

Die Zeit danach war nicht so angenehm. Ich war hin- und hergerissen zwischen Axel und Michael. Gewissensbisse plagten mich. Und ich fasste einen Entschluss, der mich aus meiner Zerrissenheit befreien sollte. Gleich am nächsten Tag rief ich Axel an und lud ihn ein, mich von der Arbeit abzuholen.

Wir haben uns vor dem Krankenhaus getroffen und spazierten zu einem Kinderspielplatz. Ich sagte ihm, ich sei verwirrt. Ich schilderte ihm meine Beziehung zu Michael und sagte ihm, dass ich zweieinhalb Jahre meines Lebens nicht wegwerfen wollte. Es ginge nicht mit uns, eröffnete ich ihm und wünschte, dass er mich trotz allem als Freundin betrachten soll.

»Ich will, dass du mich in Zukunft Michi nennst. Wie alle meine Freunde mich nennen.«

Axel lehnte ab. Das muss furchtbar für ihn gewesen sein.

»Ich sage Michaela.«

Am kommenden Freitag war ich natürlich wieder im »Glory's«. Diesmal gemeinsam mit Michael. Axel sah ich nicht. Erst viel später erzählte er mir, dass er sich den Schmerz unseres Anblicks nicht antun wollte. Dann aber doch kam, nur um mich von weitem zu sehen. Er ist aber gleich wieder fortgegangen.

In diesen Tagen war Axel sehr niedergeschlagen. Seine Clique, unter anderen auch mein Bruder Guido, versuchten ihn aufzumuntern. Sie veranstalteten wilde Trinkgelage. Aber Axels Herz war gebrochen.

Bis zu dem Abend, an dem ich mal wieder ausgehfreudig war, Michael allerdings nicht. Wir gingen raus, um die Ecke zum Griechen. Dort saßen wir rum und diskutierten, was wir nun machen wollten. Die Situation eskalierte, wir hatten Streit. Michael platzte der Kragen, er zog ab. Ich ging raus, wollte alleine zurück ins »Glory's«. Und da stand Axel Schaffrath mit erschrockenen Augen vor mir.

Er hatte sich gerade auf den Heimweg gemacht, nachdem er noch eine Weile mit seiner Clique herumgestanden war.

»Axel, willst du schon nach Hause«, fragte ich ihn.

»Äh ... ja. Das hatte ich eigentlich geplant«, war die unsichere Antwort.

»Schade, für mich fängt der Abend nämlich jetzt erst an.«

Axels Züge entspannten sich. Wir schlenderten zurück ins »Glory's«. An diesem Abend hat er mich noch einmal nach Hause begleitet. Diesmal haben wir uns nicht vor der Türe verabschiedet.

Über vier Wochen waren vergangen, seit unserer ersten Begegnung im »Glory's«, als ich mit Axel zum ersten Mal schlief. Es war in einer Gartenhütte, die bei Axels Eltern hinter dem Haus stand. Dort gab es eine ausziehbare Couch. Es war wie in einem kleinen Wohnzimmer.

So kuschelig sie war, so begehrt war sie: Axels Brüder waren alle drei in einem gewissen Alter, und es gab regelmäßig ein Gerangel um die kleine Hütte. Wenn die einmal besetzt war, dann war sie die ganze Nacht über besetzt. In dieser einen Nacht hatten wir Glück.

Axel kniete vor mir auf der Couch und machte mir mit zitternden Fingern den BH auf. Aber auch ich habe gezittert. Wir blieben bis frühmorgens um fünf beisammen, dann musste ich los ins Schwesternwohnheim, weil ich Frühdienst hatte.

Ich wohnte noch zu Hause, aber wegen der unbequemen Schichtzeiten war es günstig im Heim ein Zimmer zu haben, sonst wäre das in eine lästige Hin- und Herfahrerei zu den unmöglichsten Zeiten ausgeartet.

Axel hat mich an diesem Morgen zur Bushaltestelle gebracht. Wir standen eng umschlungen knutschend da rum, und auf einmal hielt ein Bus, den ich noch nicht nehmen wollte. Und wer sitzt drin und kann nicht fassen, was er da sieht? Stefan Knieper.

Ich sehe sein Gesicht heute noch vor mir. Der Bus fuhr los und er sprang auf und glotzt völlig entgeistert zu uns raus. Der konnte es gar nicht glauben, dass der schüchterne Schaffrath es nun doch geschafft hat, die Kleine rumzukriegen. Dieses Gesicht werde ich nie vergessen.

Ich ließ mich also auf Axel ein. Gleichzeitig ging meine Beziehung zu Matthias in die Brüche. Ich habe beide Männer etwa vier Wochen parallel laufen lassen. Matthias wusste nichts von Axel, aber Axel wusste von Matthias. Ich hätte nie gedacht, dass ich so abgebrüht bin. Ich habe gelogen. Und ich habe Axel wohl auch als willkommenes Mittel zum Zweck benutzt, um von Matthias wegzukommen.

Außerdem, und das muss ich zu meiner teilweisen Entlastung berichten, fand ich heraus, dass Matthias mit einer anderen etwas hatte. Ich habe gehört, wie Matthias mit jemandem sehr liebevoll telefonierte und am Ende mit leiser Stimme sagte: »Ich dich auch ...«

Das bedurfte keiner weiteren Erklärungen mehr. Ich habe ihn zur Rede gestellt und er gestand, dass es ein Mädel gäbe, dass sie sich in ihn verliebt hätte, und dass er im Zwiespalt sei, denn eigentlich wollte er mich. Ja, er hätte sich für mich entschieden. Das half nichts. Es war trotzdem vorbei.

Unter einem Vorwand lud ich Matthias zu mir nach Hause ein. Wir gingen auf mein Zimmer, wo wir so viel gemeinsame Zeit verbracht hatten. Ich eröffnete ihm die Wahrheit.

»Ich habe mich in einen anderen verliebt.«

Es traf ihn mitten ins Herz. Wir saßen am Bettrand. Ich wohnte noch immer in meinem Kinderzimmer unter dem Dach. Die Holzverschalung drückte die Stimmung endgültig auf den Tiefpunkt. Mein Bett stand vor einer großflächigen Fototapete. Ein Karibikmotiv mit Palmen, Strand und silbernen Wellen. An den anderen Wänden hingen Poster von Michael Jackson, von Nena, von Abba. Ein Plattenspieler stand herum, Plattencover lagen am Boden. Ich glaube, meine Bettwäsche hatte ein kleines Muster. Statt der Karibiksonne brannte eine schlichte Lampe über uns. Eine Glaskugel.

Während unserer Beziehung hatte Matthias immer ein Silberkettchen getragen, mit meinem Sternzeichen als Anhänger. Ich bin Schütze. Die Kette hat er sich runtergerissen und auf mein Bett geworfen. Dann ist er heulend rausgerannt. Ich hatte ihn sehr verletzt.

Matthias stürzte hastig die schmale Treppe hinunter ins Erdgeschoss und verließ fluchtartig das Haus. Meine Eltern waren auch im Haus und haben sich sehr gewundert. Ich bin erst mal in Tränen ausgebrochen. Nicht aus Trauer, sondern vor Erleichterung. Die Heuchelei war endlich vorbei. Ich hatte unter meinem Betrug sehr gelitten. Mein Vater sagte prompt: »Lass dir bloß Zeit, bis du mit dem nächsten Mann kommst.«

Das hatte ich noch hören wollen.

»Papa«, schluchzte ich, »ich habe doch wegen einem anderen Mann Schluss gemacht!«

Danach hat mich Michael terrorisiert. Er hat mir vor dem Krankenhaus aufgelauert, aber die Kolleginnen konnten mich meistens vorwarnen, und ich bin zum Hintereingang raus. Er hat mich angerufen, er hat Axel eingeschüchtert, ihn sogar mit Mord bedroht. Drei Monate lang ging das so. Es war ein Horrortrip. Er hat sogar einmal seine Mutter vorgeschickt, um mich zu bewegen, dass ich es mir anders überlege. Aber ich wollte nicht mehr, ich hatte mich bereits für Axel entschieden.

Beim ersten Mal, als Axel bei uns zu Besuch war, ging es meinem Vater schlecht. Ihm war übel. Meinen ersten Freund Michael hatte er ja schon nicht leiden können. Nicht gerade die besten Voraussetzungen also für diesen Ortstermin. Mein Vater dachte, jetzt käme wohl wieder so ein Laberkopf daher.

Es ging aber gut.

Im Grunde hat sich an den Rahmenbedingungen unseres gemeinsamen Lebens neun Jahre lang dann wenig geändert. Ich machte meine Schichten und Axel seine Jobs. In der Anfangszeit haben wir uns nur einmal in der Woche getroffen. Wir hatten selten an denselben Tagen frei.

Axel machte eine Ausbildung als Restaurantfachmann im Aachener Elisenbrunnen, einem feinen Restaurant. Erst 1991 sind wir zusammengezogen. Unser erstes gemeinsames Heim war eine 60 Quadratmeter große Dachgeschosswohnung in Eschweiler. Unheimlich süß.

Heute wäre mir das zu eng, aber es waren unsere ersten eigenen vier Wände. Die erste Nacht in dieser Wohnung wollten wir gar nicht zu Bett gehen. Wir saßen die ganze Nacht am Sofa, im Fernsehen lief ein Konzert von Genesis. Es war großartig.

Und wir waren uns unserer Liebe immer sicherer geworden. Die einzige Krise unserer Beziehung hatte uns schon nach einem halben Jahr erwischt. Axel hatte mit einem anderen Mädchen ein Verhältnis. Es hat ihn total gereizt. Er sagte mir ins Gesicht: »Die hat einen tollen Hintern.«

Ich kannte sie. Ein hübsches Mädchen. Sie hatte ein sehr süßes Lächeln. Und ich hatte nach wie vor meine 60 Kilo.

Axel bat um eine Auszeit. Nach zwei Wochen Bedenkzeit hatte er sich entschieden. Für mich.

Ich denke, man kann nichts dagegen tun, dass einem so etwas passiert. Schön fand ich, dass er wenigstens mit mir darüber gesprochen hat. Er ist sowieso nicht der Mann, der so etwas geheim halten kann. Dabei hätte er ein viel zu schlechtes Gewissen. Und ich liebe ihn. Da lässt man sich auf diese Demütigung ein. Als er wieder zu mir kam, habe ich ihm geglaubt, dass es mit der anderen vorbei ist.

Fremdgehen heißt für mich mit einem anderen ins Bett zu gehen, und der eigene Partner weiß nichts darüber. Das ist Fremdgehen.

Wenn ich heute mit einem fremden Mann schlafe, dann muss er mir schon sehr sympathisch sein. Das hat nichts mit Liebe zu tun. Dafür bräuchte ich viel mehr Zeit, und außerdem liebe ich nach wie vor meinen Axel. Aber für einen netten One Night Stand reicht mir aus, dass der Mann ein angenehmes Äußeres hat und anziehend ist.

Ich weiß, meine Einstellung stößt bei vielen Menschen auf Unverständnis. Doch so sehe ich es. Es ist meine persönliche Freiheit, diese körperliche Leidenschaft auszuleben und gleichzeitig meinem Partner dasselbe zuzugestehen. Und wenn man mit offenen Karten spielt, ist das kein Betrug. So sehe ich das heute.

Damals war ich noch nicht so weit. Ich sollte noch einige Dinge erleben, die mich zu der machten, die ich bin.

V Der Schritt in die Neue Welt: Mein erster Porno

Ich kann mich erinnern, als Axel in dieser Zeit einmal fragte, ob wir uns nicht mal einen Pornofilm ausleihen könnten. Einfach so aus purer Neugierde. Ich glaube, er hatte damals schon eine ganze Weile Pornos geguckt. Für einen Mann von 23 Jahren ist das auch nichts Ungewöhnliches.

Für manche ist es ja eine Traumvorstellung, mit der Partnerin solche Filme zu gucken. Und das hat Axel versucht, mir schmackhaft zu machen.

Wir saßen Abends auf unserer blau gemusterten Stoffcouch und aus heiterem Himmel sagte Axel, er würde jetzt gerne einen Porno besorgen, um ihn mit mir anzusehen. Er hatte wohl lange gewartet, bis ich seiner Meinung nach in einem idealen Gemütszustand für diesen Vorstoß war.

Ich war ein wenig erschrocken. Doch ich gebe zu, neugierig war ich auch. Und sagte zu ihm: »Na gut, aber den musst du schon alleine holen.«

Ich hätte mich nie und nimmer getraut in eine Videothek zu gehen und einen Pornofilm auszuleihen. Eine Frau in der Pornoabteilung? Undenkbar. Ich dachte mir, die gucken sicherlich neugierig und denken sich böse Sachen ...

Ich war damals noch ziemlich zurückhaltend. Und ich war eine, die rigoros der Überzeugung war: Sex ohne

Liebe – das kann nicht funktionieren, das geht gar nicht. Wir haben das Thema also stillschweigend vertagt.

Anfangs fand ich Pornogucken gar nicht toll. An einem Wochenende, an dem wir beide frei hatten, ist Axel losgezogen. Er marschierte in eine Videothek und brachte einen Film mit. Eine durchschnittliche Produktion, nichts Besonderes. Das übliche Gerammel. Beim ersten Film habe ich gar nichts empfunden. Ich blieb teilnahmslos.

Doch Axel ließ nicht locker. Es folgten weitere Pornoabende und allmählich habe ich mich dabei ertappt, dass ich diese Frauen sehr um ihr Aussehen beneidete. Und ich stellte fest, dass sich bei mir etwas regte.

Es war irgendwie geil. Vor allem der Anblick des eigentlichen Aktes. Etliche Filme später konnte ich mich sogar schon begeistern, diese Filme anzugucken. Und gleichzeitig wurde ich eifersüchtig auf die Frauen, die Axel immer offensichtlicher anhimmelte.

»Guck dir mal diese tollen Körper an«, sagte er zu mir.

Ich bin der festen Überzeugung, dass er dies nicht böse gemeint hat. Wir waren halt immer sehr offen zueinander. Nur so sind wir bis heute zusammengeblieben.

Ich glaube, man kann alles sagen, wenn man darauf achtet, wie man es sagt. Und man muss einen guten Zeitpunkt abwarten.

Wenn wir gerade gestresst sind, womöglich im Auto sitzen, Axel hinterm Lenkrad, würde ich nie zur Problembewältigung schreiten oder mit ihm komplizierte Dinge besprechen. Das macht man in einer entspannten Atmosphäre.

Hie und da haben wir uns dann also so einen Film angesehen. Das hat uns sexuell stimuliert. Wir haben schließlich kaum einen Film zu Ende geguckt. Ich kenne kaum Leute, die das schaffen. Ich behaupte sogar, man könnte aus den letzten Minuten der beliebtesten Pornofilme problemlos und kostengünstig einen neuen Film zusammenschneiden, den noch nie jemand gesehen hat.

Ich war allerdings anfangs sehr deprimiert, weil die Frauen in den Filmen so toll aussahen. Und es weckte meinen Ehrgeiz, ganz langsam ein Wunschbild von mir selbst zu schaffen. Axel fand die toll. Und kein Mann kann mir erzählen, dass er diese Frauen nicht toll findet.

Gerade bei den amerikanischen Produktionen frage ich mich immer wieder, wo graben die nur diese Granaten aus? Es muss irgendwo ein Lager geben, wo die gezüchtet werden. Top-Figur, Superbusen, mörderlange Beine. Nur übers Gesicht lässt sich streiten. Aber da gucken die wenigsten hin – was ich persönlich ziemlich schade finde.

Ich habe bei meinen Filmen großen Wert darauf gelegt, dass die Kamera oft auf dem Gesicht war. Damit die Leute, die das anschauen, auch sehen, dass ich das will. Dass ich Spaß habe an der Sache. Das ist ja gerade das Problem bei vielen Pornofilmen.

Da gucken manche Frauen so drein, dass du denkst, der kann man eine Zeitung hinlegen und die fängt an darin zu lesen. Und dann haben die immer wieder die Augen zu. Wie abtörnend.

Ich glaube, ich habe mittlerweile den Dreh raus und sehe jeder Frau an, ob sie da jetzt Bock hat oder nicht. Da fühle ich mich als Expertin. Man kann natürlich nicht alle dieser Damen über einen Kamm scheren, doch der Großteil von denen macht es wohl des Geldes wegen.

Meistens sind das Mädchen aus den Oststaaten. Und es steht ihnen gleichsam auf die Stirn geschrieben, hoffentlich ist das bald vorbei. Hart, aber wahr.

Ein halbes Jahr war vergangen, dass mir Axel zum ersten Mal mit dem Vorschlag gekommen war, gemeinsam

Porno zu gucken. Es war nicht so, dass wir dann jedes Wochenende diese Filme angesehen haben, doch es war zur gemeinsamen Leidenschaft für uns geworden.

Nach einem halben Jahr kam Axel mit diesem Freund.

Wir hatten schon mal über bestimmte Szenen geredet, gewisse Situationen, die wir gesehen haben. Zum Beispiel die berühmte Klempnerszene. Ein vielstrapaziertes Klischee, das praktisch in jedem Porno auftaucht. Das Prinzip ist simpel: Fremder Mann kommt ins Haus und wird von der Bewohnerin verführt. Axel fragte: »Könntest du dir das vorstellen? Du mit einem anderen Mann ...«

Also Sex mit einem Fremden!

»Nee. Niemals.«

Ich konnte mir nicht vorstellen, mit einem Mann zu schlafen, den ich nicht liebte. Diese Einstellung war fest in meinem moralischen Weltbild verankert. Aber ganz zart prickelte es doch.

Da saß ich also nun. Und auf meiner einen Schulter hockte ein Engelchen und auf der anderen ein Teufelchen. Das Engelchen flüsterte mir ins Ohr: »Tu das nicht! Sex ohne Liebe – das gibt es nicht.« Und das Teufelchen sagte verschwörerisch: »Ach, guck doch mal, probier es doch einfach mal aus. Ist geil, macht bestimmt Spaß. Ist doch nichts dabei.«

Das war ein harter Kampf zwischen diesen Geistern. In meiner Familie sind alle verheiratet, haben Ehen gegründet und sind sonst nicht aus der Rolle gefallen. Das entsprach nicht den Regeln, die ich kannte.

Axel hat mich aber immer wider motiviert. Verbalerotisch. Er war lieb. Nie hatte ich das Gefühl, er würde mich unter Druck setzen. Das hat er gar nicht müssen. Vielleicht hat er das instinktiv geahnt und gewusst, dass er in mir einen bis dahin unbekannten Nerv traf.

Während wir gevögelt haben, sagte er: »Stell dir mal vor, es wäre noch ein anderer hier und wir beide würden dich verwöhnen.«

Das hat mich scharf gemacht. Aber ich hatte auch Angst davor zwei Männer gleichzeitig befriedigen zu wollen.

Ich habe gezittert wie Espenlaub, als Axels Bekannter da war und ich spürte, es sei nun der Augenblick da. Er hieß David, war sehr groß, hatte kurze braune Haare und eine Brille. Keine besondere Schönheit, aber sehr nett und fröhlich. Er hatte schon öfter bei uns vorbeigeschaut. Wir saßen dann und plauderten. Ich glaube, Axel und er haben sich bei der Ausbildung zum Industriekaufmann getroffen.

Axel war nämlich mit der Zeit seinen Job als Kellner leid gewesen. Die Arbeitszeiten und die geringen Aufstiegschancen haben ihm zum Wechsel bewogen. Ein kluger Entschluss, denn wir hatten fortan mehr Zeit für uns.

Es war Abends. David ist auf ein Bier zu uns gekommen. Wir kamen darauf zu sprechen, dass David schon mal in einem Amateurporno mitgespielt hätte.

David hatte in seinem Portemonnaie Polaroid-Fotos von nackten Frauen, mit denen er am Set gearbeitet hatte. Das machte uns noch neugieriger. Wir fragten ihn aus: Was passiert auf so einer Produktion? Muss man da kommen und wie oft? Wie viele Leute stehen da rum?

Die typischen Fragen, die man sich stellt, wenn man nichts über Pornoproduktionen weiß. Gefesselt lauschten wir seinen Erzählungen.

Ich denke, Männer haben generell das Zeug zum Pornoprofi. Die haben kein Problem geil zu sein. Ich kenne keinen Mann, der nicht grundsätzlich geil ist. Männer können und wollen öfter als Frauen. Ich bin noch nie auf einen Mann gestoßen, der mir gesagt hat: »Ich will jetzt nicht.«

Können ist natürlich eine andere Sache. Aber wollen tun sie immer.

Ich wollte also wissen, wie die Frauen sind, die das machen. Ich bin sehr unruhig geworden auf unserer Couch. Das hörte sich alles so reizvoll an. David hat sehr lebendig erzählt und davon geschwärmt, welchen großen Spaß das Drehen macht.

»Es gibt tolle Frauen, und man verdient ein nettes Taschengeld dabei.«

Er hat zwischen 500 und 800 Mark am Tag bekommen. David hatte wohl sehr viel Testosteron in seinem Körper. Er hat mich gereizt. Ein Typ, der Pornofilme dreht. So einer, wie die Männer, die ich aus den Filmen kannte. Und ich habe mich gefragt: »Wie fickt so einer eigentlich? Fickt der anders als mein Mann?«

Axel hatte schon länger und wiederholt darauf hingewiesen, was für einen Riesenschwanz David hätte. Vielleicht hatte der ihm ja mal ein Bild gezeigt. Unter seiner Fotosammlung waren einige Nacktaufnahmen von ihm selbst, wie wir an diesem Abend feststellten.

Wir tranken Sekt. Und da Alkohol ziemlich schnell bei mir wirkt, wurde ich experimentierfreudig. Axel fragte mich: »Willst du ihn dir nicht mal ansehen?«

Ich habe verlegen rumgedruckst. Da ist David langsam aufgestanden und hat sich vor mich gestellt. Er hat seine Jeans geöffnet. Ich sah, dass er keine Unterhose trug. Und – plopp – ist mir sein Ding im halbsteifen Zustand entgegengesprungen.

Da bekam ich es mit der Angst zu tun. Das war ein Mammutteil. Es hatte sicherlich die Länge von 20 Zentimetern. Und einen ordentlichen Durchmesser. David forderte mich auf, seinen Schwanz in die Hand zu nehmen.

Das habe ich getan, und ich habe dabei gezittert. Es war das erste Mal in meinem Leben, dass ich den Schwanz eines Mannes in den Fingern hielt, der nicht von meinem Freund war. Der Schwanz war genau in meiner Augenhöhe. Ich fasste ihn ganz vorsichtig an. Zuerst nur mit den Fingerspitzen. Wie eine fremde, unbekannte Frucht.

Ich dachte mir: »Was machst du hier eigentlich?«

Axel hatte sich diskret in die Sofaecke zurückgezogen und verhielt sich ruhig. Für ihn war das toll. Axel ist ein genießerischer Voyeur. Ich kenne viele Männer, die sich wünschen zu erleben, wie ihre Frau von einem fremden Mann verführt wird.

David hat mich herausgefordert. Er stand lächelnd vor mir, und sein Schwanz in meiner Hand wurde hart. Er stand wohl auf mich. Und ich dachte nur: »O Gott! Der wird ja immer größer.«

Davids Schwanz wuchs und wuchs. Ich sagte ihm, er müsse sehr vorsichtig bei mir sein. Und dann begann ich ihn mit meinem Mund zu bearbeiten. Er war der zweite Mann nach Axel, dem ich einen blies. Beim ersten Mal dachte ich mir: »Das gehört sich nicht. Böses Mädchen!«

Mittlerweile habe ich Gefallen daran gefunden. Ich blase unheimlich gerne. Aber als junges Mädchen ohne Erfahrung sollte man das nur mit einem Mann tun, den man über alles liebt. Dem man vertraut. Das erste Mal Blasen soll ein bleibendes Erlebnis sein. Es ist reine Vertrauenssache. Sonst macht Blasen überhaupt keinen Spaß.

Ich glaube, ich habe es von Anfang an ganz gut gemacht. Man muss seine eigene Technik entwickeln. Nicht zu sehr saugen. Aber auch nicht rumnuckeln. Dann ist es ein geiles Gefühl zu erleben, wie der Schwanz größer wird.

Ich gehe beim Blasen richtig tief, mit Schmackes. Aber nicht so weit, dass es schmerzt. Mit viel Gefühl eben. Man kann auch heftig kauen, aber davon halte ich nichts. Ich bin eher die sanfte Bläserin.

Anfangs habe ich manchmal einen Würgereiz bekommen. Dann habe ich gestoppt. Später, als Pornodarstellerin, lernte ich den so genannten »Deep Throat«. Das ist eine ganz bestimmte Technik. Wenn der Penis ganz hinten im Rachen den Vagusnerv berührt, dann schluckt man. Irgendwann hat man es heraus. Wenn der Schwanz hinten an den Nerv stößt, wird geschluckt. Dann hast du diesen Würgereiz nicht, und er geht richtig tief rein.

Ich habe also angefangen, David ganz vorsichtig zu blasen. Und das hat mir so gut gefallen, dass ich feucht wurde. Ich hatte Bock. Ich wusste, Axel ist hier, du gehst nicht fremd, alles ist in bester Ordnung, und jetzt probierst du es einfach mal aus.

Ich war devot. David gab vor, was geschehen sollte. Er war der Erfahrenere. Er streichelte mich im Gesicht, zog mir das T-Shirt aus, streichelte mich am Busen. Er ist unheimlich zärtlich gewesen, sehr einfühlsam. Das muss man auch sein mit so einem Schwanz.

Viele Frauen haben Angst, wenn sie so ein Riesenteil sehen. Dann verkrampfen sie total, weil sie Angst haben, dass es weh tut.

Ich bin sehr schmal gebaut, hatte damals erst zwei Männer gehabt und war noch zurückhaltend. Ich habe mir gesagt, du lässt dich fallen und ihn machen. Er hat sich immer weiter hinuntergearbeitet und als er unten ankam, leckte er mich. Wir sind die ganze Zeit über auf dem Sofa geblieben.

David wusste, dass es das erste Mal für mich war und führte meine Überrumpelung sehr zärtlich durch. Dafür bin ich ihm dankbar. Axel und er hatten die ganze Aktion ohne mein Wissen geplant.

Und ich habe eine Erfahrung gemacht, die ich irgendwann kennen lernen musste. Geiler, guter, leidenschaftlicher Sex mit einem Fremden.

An diesem Abend hatte ich keinen Orgasmus. Ich war einfach zu verkrampft. Alles in allem hat diese Aktion eine gute halbe Stunde gedauert. Zum Schluss haben wir ganz normal gefickt. Wir waren sehr gelenkig. Und Axel hat sich ganz rausgehalten.

Er hat sich auf seine Rolle als Zuschauer beschränkt. Nur selten fragte er mich, ob es mir gefällt. Nachher meinte er zu mir:

»Siehst du, ich habe dir ja gesagt, dass es eine tolle Sache ist, die dir Freude macht.«

Ich glaube, wir haben uns eine Woche später wieder zusammengetan und dann einen Dreier gehabt.

Heute kann ich sagen, vielleicht war dieser Abend meine Geburtsstunde als Pornostar. Wir hatten noch einige Treffen mit David, aber die Geschichte mit ihm ist relativ rasch ausgeklungen. Doch ich hatte Blut geleckt und begann zu experimentieren.

VI Die Männer-Verkosterin: Sex vom Pizzadienst

Axel hatte mich – was das Thema Pornogucken betraf – in unserer jungen Beziehung allmählich auf den Geschmack gebracht. Ich begann Gefallen daran zu finden. Wir redeten immer wieder über bestimmte Szenen. Über Situationen wie eben jene berühmten Klempnerszenen. Den fremden Mann, der ins Haus kommt. Der Hausmeister, Waschmaschinen-Reparateur, egal. Und der dann von der Bewohnerin verführt wird.

Dieses simple Handlungsmuster fand ich allerdings sehr inspirierend. Und ich fantasierte mich in diese Situationen hinein. Und wer mich kennt, weiß, dass es bei mir nicht lange dauert, bis eine Idee in die Tat umgesetzt wird.

Schon öfter hatten wir uns vom Lieferservice einer Pizzeria unser Abendessen ins Haus bringen lassen. An so einem Abend kam also wieder mal unsere Pizza, und der Bote war ein sehr süßer Typ. Er dürfte 19 gewesen sein, vielleicht etwas älter. Sehr hübsch, Italiener, jedenfalls wahrscheinlich. Er hatte olivenfarbene Haut, dunkelbraune Augen, schwarze Haare. Insgesamt eine sehr schnuckelige Erscheinung. Als er wieder gegangen war und wir beide gemütlich unsere Quattro Stagione verputzten, sagte ich zu Axel: »Das war aber ein süßer Typ. Mit dem könnte ich mir vorstellen, mal eine Runde zu vögeln.«

Axel fiel sein Bissen fast aus dem Mund.

»Wie bitte?«

Offenbar war mein Mut schneller gewachsen, als er erwartet hatte. Axel fragte: »Warum hast du es denn dann nicht gleich probiert?«

»Ich glaube, wenn du hier bist, dann kriege ich den nicht rum«, erwiderte ich.

Axel schlug vor, beim nächsten Mal, wenn ich Pizza bestelle, würde er sich verziehen. Dann würden wir ja sehen, was passiert ...

Eine Woche später haben wir es getan. Mir war ziemlich mulmig dabei, und ich wusste nicht recht, wie ich das anstellen sollte. Ich bestellte also meine Pizza, zog schöne weiße Dessous an, schlüpfte in meinen Bademantel und trug ein paar Spritzer »All About Eve« von Joop als kleine Duftfalle auf. Axel schickte ich fort. Leider entwickelte sich die Sache nicht so, wie wir uns das vorgestellt hatten.

Es kam der gleiche hübsche Italo-Boy vom letzten Mal. Ich habe ihn in den Flur gebeten und gemeint, ich wolle schnell mein Portemonnaie holen gehen. In der Küche streifte ich den Bademantel ab und ging wieder zurück. Der junge Mann machte vielleicht große Augen. Ich sah ihn freundlich herausfordernd an und sagte: »Wie sieht's aus, hast du noch eine Fahrt oder ein wenig Zeit für mich?«

»Wozu denn?«, fragte er misstrauisch.

»Zum Vergnügen. Ein bisschen Spaß haben«, meinte ich, ging auf ihn zu und wollte ihn am T-Shirt anfassen. Entsetzt wich er zurück und stammelte: »Nee, ich muss weg, habe noch was Dringendes zu erledigen.«

Und mit einem Satz war er draußen. Er hatte nicht mal die Rechnung kassiert. Ich stand da mit meiner Pizza in der einen und meinem Geld in der anderen Hand. Es hatte mich so viel Überwindung und Mut gekostet, den Bademantel auszuziehen, und dann das. Es war frustrierend.

Ich glaube, der arme Junge war überfordert. Axel hat nur gelacht, als ich ihn auf seinem Handy anrief. Ich hatte mir unser Spielchen viel einfacher vorgestellt.

Die Pizzanummer haben wir Ende 1992 in unserer nächsten Wohnung in Stolberg noch einmal durchgezogen. Diesmal kam ein älterer Italiener. Unter dem Bademantel hatte ich gar nichts an. Ansonsten war die Taktik dieselbe. Im Videorecorder lief ein Porno, damit der Mann sofort schnallte, um was es ging. Und auf den Tisch legte ich ein Päckchen Kondome. Eindeutiger konnte es wohl nicht mehr sein. Aber selbst da kam wieder die Gegenfrage: »Warum denn?«

Schon seltsam, wie langsam manche Männer kapieren, was Sache ist.

»Ich bin alleine und habe Lust ein bisschen zu vögeln«, klärte ich ihn auf. Nun, der Mann hat sich überzeugen lassen und der Aufwand war letztendlich doch nicht umsonst. Wir hatten Sex.

Wenn ich mit meinem Mann schlafe, ist es natürlich ganz anders, als mit einem Fremden. Bei meinem Mann ist das tiefste Herz mit dabei. Kribbeln im Bauch, tiefe Liebe, Geborgenheit, Festhalten. Bei einem anderen Mann ist das in erster Linie Lustbefriedigung und blanke Geilheit. Natürlich haben wir auch mal Situationen, in denen wir einen Quickie durchziehen, bei dem mehr die Geilheit im Vordergrund steht. Aber grundsätzlich empfinden wir nur untereinander das Gefühl tiefer Verbundenheit. Das stellt sich nicht ein, wenn ich mit anderen Männern Sex habe.

Später sollte ich beim Dreh von Pornofilmen dieselbe Lust entwickeln wie beim Sex mit Fremden. Doch damals sammelte ich erst noch meine Erfahrungen.

Wenn ich an diese bewegte Zeit zurückdenke, fällt mir ein passendes Bild ein. Wie die wilde Jane im Urwald schwang ich mich von einer Liane zur anderen und sammelte alles ein, was ich an Erfahrungen mitnehmen konnte. Und Axel war mein Tarzan, der über mich wachte. Immer bereit einzugreifen, sobald es brenzlig wurde.

VII Seitenwechsel: Die Frau in meinem Bett

Meine erste lesbische Erfahrung hatte ich mit Karin. Es war ebenfalls 1992, während unserer letzten Monate in Eschweiler. Das war, kann man sagen, die intensivste Phase meiner Entwicklung.

Karin wohnte in Kaarst bei Düsseldorf. Kennen gelernt hatten wir uns über den »Dürener Telefontreff«. Eine Hotline, auf der mehrere Leute in einer Konferenzschaltung miteinander kommunizieren konnten.

Man wählte die Dürener Vorwahl, dann eine von mehreren Rufnummern. Maximal zehn Leute konnten gleichzeitig miteinander telefonieren. Das hat uns sehr viel Geld gekostet. Die Nummer war uns von David empfohlen worden.

Wir telefonierten regelmäßig. Wenn einer der Teilnehmer sympathisch war, haben wir unsere Privatnummern ausgetauscht. Üblicherweise machen das nur Männer. Für eine Frau ist das zu riskant. Ein Mann könnte sich ja so sehr in seine sexuellen Fantasien hineinsteigern, dass er zudringlich oder sogar gefährlich würde. Das sollte man immer bedenken.

Jedenfalls hatten wir eines Tages Karin am Telefon. Karin wirkte sehr emanzipiert. Sie war fordernd, sexuell frei und sehr offen im Gespräch. Wir quatschten locker über alles mögliche. Erst kamen die Standardfragen: Wo kommst du her? Was machst du beruflich? Wie alt bist du? Wie kommst du auf die Hotline? Warum rufst du an?

Dann habe ich sie einmal gefragt, ob sie denn schon mal über das Telefontreffen einen Mann kennen gelernt und ihn zu sich nach Hause geholt hätte.

»Ich stehe mehr auf Frauen«, ließ mich Karin knapp wissen.

Da wurde ich hellhörig.

»Bist du lesbisch oder bisexuell?«, fragte ich.

Sie sei bi, stünde mehr auf Frauen und hätte auch eine Freundin, gab Karin bereitwillig zur Auskunft.

Eine lesbische Beziehung. Das fand ich spannend.

Ich hatte das schon im Porno gesehen und hätte gerne mehr darüber gewusst, wie man als Frau Sex mit einer anderen Frau empfindet. Ich tat mich schwer bei der Vorstellung, eine Möse zu lecken. Wie schmeckt das?

Wenig später wusste ich, wie das schmeckt. Da wusste ich, dass Frauensex eine fantastische Angelegenheit ist.

Im Vorfeld hatte ich ein komisches Gefühl. Ich habe mir gedacht, wenn eine Frau mich leckt, fühlt sich das sicherlich nicht anders an, wie wenn ein Mann mich leckt. Ich wurde vom Gegenteil überzeugt. Es fühlt sich ganz anders an.

Denn Frauen sind viel gefühlvoller. Das soll nicht heißen, dass Männer beim Lecken gefühllos sind. Aber Frauen wissen genauer, viel genauer, wo sie mit der Zunge hin müssen. Sie wissen, wo der Punkt ist, an dem es uns gefällt. Frauen sind zärtlicher, einfühlsamer, weicher.

Ich habe Karin gefragt, seit wann sie eine lesbische Freundin hätte. Und noch viel mehr. Da sagte sie, wir könnten sie mal gerne in Kaarst besuchen. Einfach so. Passieren könne alles, müsse aber nicht.

Wir hatten den Eindruck, die war ziemlich naturgeil. So nenne ich das, wenn jemand einen starken Trieb hat.

Was Frauen betrifft, war sie wild. Bei Männern schien das anders zu sein. Ab und zu einen Schwanz rein gesteckt zu kriegen, sei zwar ganz nett, aber nicht vergleichbar mit Lesbensex, behauptete sie überzeugt.

Wir ließen uns auf das ungewisse Abenteuer ein und reisten nach Kaarst. Karin wohnte in einem Hochhaus, ziemlich weit oben. Ihre Wohnung war schön und modern eingerichtet. Es gab ein offenes Wohn-, Schlaf- und Küchen-Ambiente. Unten im Erdgeschoss befand sich ein öffentliches Schwimmbad. Die Bewohner durften es zu jeder Zeit nutzen.

Wir haben uns gesetzt und zur Auflockerung ein bisschen getrunken. Sie sah gar nicht so draufgängerisch aus.

Karin war nicht auffallend hübsch. Sie war um die 30, klein und zierlich. So klein wie ich. Und sehr dünn. Sie hatte wenig Busen. Ich schätze mal, A-Körbchen. Und sie hatte kurze braune Haare.

Was mir besonders gefiel, war, dass ihre offene Art zu ihrem niedlichen, fröhlichen Gesicht passte. Wie sie über Sex sprach, lesbische Geschichten erzählte – das war alles unglaublich spannend für mich. Ich hatte ja null Ahnung über diese Welt.

Wie das ist, wenn man mit einer Frau einen Orgasmus hat, und noch viel mehr wollte ich erfahren. Sie sprach und hatte dabei eine zärtliche, anschmiegsame Art.

Wir saßen bei ihr und unterhielten uns angeregt. Sie war Stewardess. Und ich verhörte sie regelrecht. Wir saßen auf der Couch, ich mit Axel auf einem Zweiersofa, sie auf einem Sessel. Wir hatten Sekt getrunken, nachher gingen wir zu Bailey's über. Mit ihr konnte man über alles reden. Ohne Tabus, ohne Grenzen. Frisch von der Leber weg, was einem gerade auf der Seele lag. Alles, was uns interessierte.

Wir wollten wissen, wie es in ihrer Beziehung aussieht. Sie sagte, sie wäre sehr oft alleine. Selten würde sie sich jemanden über die Hotline abschleppen.

Die Faszination war offensichtlich gegenseitig. Sie war von meiner Stimme gefesselt und von dem, was ich ihr erzählte. Ich war ja noch ganz frisch auf der Hotline. Das fand sie erregend. Ich merkte, wie es ihr gefiel, meine Lehrerin zu sein. Es war wohl ihre Wunschrolle. Sie, die Lehrerin und ich, die Schülerin.

Um die Situation aufzulockern, erzählte sie aus der Welt der Lesben, sprach über deren Gefühle und wie man miteinander umgeht. Ich fragte sie, ob sie denn völlig auf Männer verzichten könnte und meinte, dass so etwas für mich nicht vorstellbar sei. Sie sagte, für sie sei es auch mal abwechslungsreich, ein Paar wie uns kennen zu lernen.

Dann erwähnte sie das Schwimmbad. Und forderte mich auf: »Komm, gehen wir mal schwimmen.«

Ich hatte gar keine Badeklamotten dabei.

»Ist doch egal, wir sind sowieso ganz alleine da unten.«

Da machten wir uns auf den Weg. Es war unheimlich. Unten zogen wir uns aus. Das Schwimmbecken hatte beachtliche Ausmaße. Man konnte richtige Bahnen schwimmen. Wir stiegen ins Wasser und planschten herum.

Dann machte sie den Anfang. Als wir in einer Atempause am Beckenrand hingen, kam sie ganz behutsam nahe zu mir. Axel hielt sich wie immer zurück. Er wusste wohl genau, worauf ich hinauswollte.

Ich bin ein kleiner Angsthase. Ich kann noch immer nicht auf jemanden zugehen und frei heraus sagen: »Hey, hast du Lust mit mir zu vögeln?«

Ganz selten schaffe ich es, mich zu überwinden und mit einem frechen Spruch den Auftakt zu geben. Ich machte auch damals nicht den Anfang. Ich habe es auch damals nicht gewagt, obwohl ich so gerne endlich eine lustvolle Nummer mit einer Frau schieben wollte. Aber sie hat das gespürt. Und so hat sie das Heft in die Hand genommen.

Sie ist im Wasser auf mich zugekommen, hat meine Brüste gestreichelt und mich geküsst. Sie ging vom Ohrläppchen den Hals runter auf die Brust. Und wir haben uns auf den Mund geküsst. Das kam dann ganz automatisch mit der Leidenschaft.

Irgendwann ist es so, dass es dich überkommt und du dich gehen lässt. Und ich war so aufgeregt, dass ich eine Gänsehaut bekam. Mir war auch richtig kalt geworden im Becken. Obwohl die Wassertemperatur angenehm war.

Ich setzte mich auf den Beckenrand. Das war die Idealposition. Axel hatte sich längst auf eine gemauerte Bank im rückwärtigen Teil der Halle zurückgezogen, um uns von weitem zu beobachten.

Karin war unheimlich zärtlich. Ich habe fast das Atmen vergessen, so zärtlich war sie. Das waren nicht diese harten, rauen Männerhände, die mich anfassten, sondern ganz zarte Fingernägel.

Ich bin ja eine Kribbelmaus. Ich habe eine liebe Freundin, Anja. Sie ist verheiratet mit Uwe. Wir treffen die beiden öfter. Anja und ich, wir liegen uns sehr viel in den Armen und kribbeln uns. Frauen reagieren ja sehr sensibel auf Kraulen.

Karin hat mich mit ihren Fingernägeln langsam über den Rücken gestreichelt, bis zum Po und wieder hoch. Und dann vorne über den Bauch. Ich saß kerzengerade. Mit dem Mund glitt sie über meinen Bauch und sagte: »Lehn dich zurück.«

Das habe ich getan, meine Beine waren breit auseinander. Und dann hat sie mich geleckt.

Ganz vorsichtig am Kitzler angefangen und weiter, am Schamlippenbereich. Auf und ab. Hin und her. Sie hat nachher die Finger dazugenommen und den Kitzler stimuliert. Und dann hat sie vorsichtig den Finger in die Möse reingeschoben. Ich habe schneller geatmet und rhythmisch dagegen gedrückt wie beim Vögeln.

Man merkte, Karin hatte jahrelange Erfahrung mit Frauen. Die wusste genau, worauf ich abging. Sie hat das genau ausgelotet. Sie hat mich behutsam und perfekt zum Orgasmus geführt. Die ganze Aktion dauerte 20 Minuten. Es war, wie wenn ich mich selbst befriedige.

Der Orgasmus mit einem Schwanz ist natürlich wesentlich intensiver. Schon alleine wegen der Ausmaße des Schwanzes. Da ist einfach mehr dran als an so einem schmalen Finger. Man kann selbstverständlich auch die ganze Hand nehmen, aber dafür bin ich leider zu schmal gebaut. Sex mit einem Männerschwanz ist auch alleine wegen der Körperwärme viel intensiver. Und dennoch: Auf diese Erfahrung will ich nie wieder verzichten.

Ich erlebe sowieso jeden Orgasmus anders. Es gibt welche, die sind gar nicht so toll. Die gehen so schnell vorbei. Da ist man gerade kurz vorm Ohnmächtigwerden und plötzlich ist alles vorbei. Gott sei Dank geschieht mir so etwas nicht allzu oft. Ich habe sonst oft das Gefühl, dass ich gleich wegtrete, wenn ich komme.

»Gleich lebe ich nicht mehr«, denke ich dann.

Vielleicht schreit man deswegen auch so. Keine Ahnung. Ich bin ziemlich laut, lasse dieses Gefühl voll raus. Es könnte ja der letzte Höhepunkt sein, den ich erlebe.

Ich erlebe alle meine Orgasmen intensiv. Danach habe ich meine Nachbeben, wie ich es nenne. Ich zittere am ganzen Körper und mir sacken die Beine weg. Deswegen ist mir lieber, dass ich liege, wenn ich komme. Ich will jede Sekunde auskosten.

Dies war mein erstes Erlebnis mit einer Frau. Ich habe danach gefroren wie sonst was. Karin sagte: »Komm, wir gehen wieder hoch in die Wohnung.«

Die wollte gar nicht, dass ich bei ihr was mache. Seltsam, dachte ich. Sie wollte mich einfach nur bedienen. Im Grunde hatte sie die gleichen Ambitionen, die ich immer habe – andere Menschen glücklich zu machen.

Wir waren wieder oben und haben uns ganz ruhig unterhalten. Sie fragte, wie es mir gefallen hat. Da habe ich zu ihr gesagt: »Es war wunderwunderschön. Man merkt, dass du extrem viel Erfahrung mit Frauen hast.«

Und ich habe sie gefragt, ob ich wiederkommen dürfte.

»Jederzeit.«

Dann mussten wir heim. Von Düsseldorf nach Eschweiler dauert es eine Stunde, und es war schon ziemlich spät.

Eine neue Tür stand offen. Und es ereignete sich noch eine zweite unerhörte Begegnung mit dieser talentierten Frau.

Ich bin beim nächsten Mal alleine zu ihr. Karin hatte mich gefragt, ob ich eine Nacht mit ihr verbringen wollte. Sie würde mich gerne zum Essen einladen und mich dann zu sich nach Hause nehmen. Axel meinte: »Das klingt ja fantastisch. Aber es ist nicht für mich bestimmt, da habe ich nichts zu suchen. Das ist eine Sache zwischen euch beiden. Ich gönne dir das. Fahr ruhig zu ihr hin und lass dich schön verwöhnen.«

Axel weiß, dass er nicht eifersüchtig sein muss. Ich glaube zwar, jeder Mensch ist eifersüchtig. Doch Axel ist außergewöhnlich tolerant. Klar, denke ich, auch in ihm schlummert ein wenig Angst, mich zu verlieren. Aber das sollte vielleicht auch so sein.

Um irgendwelche Missverständnisse zwischen uns zu vermeiden, haben wir uns ganz klare Grenzen gesetzt.

Wir haben vereinbart, dass wir nie Dinge alleine machen. Wenn ich einem Mann begegnet bin, habe ich Axel bisher sofort davon erzählt. Das ist unsere Abmachung. Falls mal irgendwas passieren sollte, falls ich einem tollen Kerl über den Weg laufe, kann ich natürlich nicht in derselben Minute bei Axel anrufen und fragen: »Hör mal, da ist ein geiler Typ, kann ich den mal ficken?«

Doch wir erwarten voneinander, dass wenigstens nachher offen und ehrlich darüber geredet wird.

Ich fuhr wieder zu Karin. Wir waren erst chinesisch essen. Es war cool. Ich kam mir vor wie in einer richtigen lesbischen Beziehung. Es war, als hätte sie die männliche Rolle übernommen. Sie hat die Rechnung bezahlt und mir eine rote Rose mitgebracht. Dann sind wir zu ihr nach Hause, rauf in die Wohnung. Dann hat sie mich die ganze Nacht über in der Kunst der lesbischen Liebe unterwiesen. Das volle Programm.

Die Türe war gerade ins Schloss gefallen, da trat sie von hinten an mich ran und küsste mich auf den Nacken. Dabei fuhr sie mit ihren Händen unter meinen Pullover und streichelte mich. Sie zog mir den Pullover aus.

Ich war wieder einmal hochnervös. Ich bin immer sehr nervös, wenn ich einen neuen Sexpartner kennen lerne. Es ist aufregend, weil man absolut nicht weiß, was kommt. Wie gut ist der? Wie befriedigt er mich? Befriedigst du ihn? Wird das geiler Sex oder eine Einschlafnummer?

Deswegen bin ich immer sehr aufgeregt. Ich drehte mich um und wir küssten uns auf den Mund. Wir zogen uns gegenseitig aus. Stehend.

Sie führte mich zum Bett und legte mich darauf. Dann ging es los. Sie sagte, sie hätte sich was Schönes für mich ausgedacht.

Da lag ich nun auf ihrem großen Bett. Die Wände waren weiß. Überall hingen mystische Bilder. Seltsame Motive. Halb Frauenkopf, halb Katzenkopf. Und Frauen- und Männerkörper, die ineinander verschlungen waren.

Es war gegen halb zwölf. Sie sagte mir, dass sie es ganz toll fände, dass ich da sei, und ich könnte ihr vertrauen. Ich bräuchte keine Angst haben. Sie werde mir nicht wehtun und wollte nur, dass es mir gut geht.

Ich dachte, Hilfe! Vielleicht kommt jetzt die Bettfesselnummer und dann stichst sie dich ab. Man denkt ja manchmal über so etwas nach ...

Aber ich wollte es unbedingt kennen lernen und habe mich darauf eingelassen. Ich sagte zu ihr: »Okay. Mach mit mir, was du willst.«

Ich hatte noch meine Spitzendessous an. Sie verband mir mit einem schwarzen Tuch die Augen und flüsterte: »Ich binde dich jetzt ganz locker mit den Händen fest.«

Sie nahm dazu Lederbänder mit Verschlüssen und befestigte mich damit am Metallgestell ihres Bettes. Karin hatte keinen BH an, nur einen knappen Stringtanga.

Ich lag wehrlos da, mit verbundenen Augen, festgezurrt und dachte: »Was passiert jetzt?«

Sie fing an, mich mit einer Feder zu streicheln. Zuerst im Nacken, da habe ich eine sehr erogene Zone. Dann über die Ohren runter zum Busen. In kreisenden Bewegungen zum Bauch. Dort hat es gekitzelt. Langsam streifte sie mir meine Dessous ab. Sie ging immer tiefer bis sie beim Kitzler landete. Da bin ich ausgerastet.

Sie hat mich fast zwei Stunden lang gequält. Schön gequält. Sie führte mich bis kurz vor den Orgasmus und hörte dann auf. Irgendwann habe ich nur noch geschrieen.

Und sie vollführte immer die gleichen Streichelbewegungen an mir. Später kam sie mit einem Gummi-Dildo, hat mich ganz zart damit gestreichelt und ihn mir rein gesteckt.

Das Schärfste war, als sie Nutella auf mir verschmierte. Ich wusste ja nicht, was da auf mich zukam, als sie mir sagte, jetzt kommt der Nachtisch. Ich war von oben bis unten beschmiert. Das hat sie abgeleckt. Und dann noch mal dasselbe. Mit Joghurt.

Es war ein Wechselspiel von kalt und heiß. Nutella ist zimmerwarm. Joghurt ist kalt. Und es klebte zwischen meinen Beinen. Das hat sie alles weggeleckt. Sie hatte eine sehr, sehr kleine, flinke, spitze Zunge. Und sie wusste genau, was sie damit tun musste. Karin war gut. Verdammt gut.

Manche Frauen kennen das. Wenn man gestreichelt, geleckt und gequält wird. Kurz vor diesem letzten Funken, als ich kurz davor war zu kommen – hörte sie auf. Und deswegen sage ich auch: Frauen haben es einfach besser raus.

Was aber nicht heißt, dass ich fortan auf Männer verzichten wollte.

Irgendwann sind wir beide vor Erschöpfung nebeneinander eingeschlafen. Axel holte mich am nächsten Morgen ab. Wir haben noch zusammen gefrühstückt. Brötchen und Kaffee. Er hat mich nicht gefragt, wie es war. Erst, als wir im Auto saßen, platzte es aus ihm heraus. Bis dahin hatte er sich wirklich zusammengerissen.

Mein Axel ist eben ein Gönner. Auch wenn wir uns mit unserem befreundeten Pärchen treffen, ist er derjenige, der ruhig daneben sitzt und zusieht. Das genießt er. Er geht auch nicht dazwischen. Er weiß, dass ich das nicht möchte. Er weiß, dass ich Anja für mich alleine haben will. Mit Anjas Mann Uwe ist das immer ein bisschen schwierig. Der wird dann ganz hibbelig. Die Geilheit übermannt ihn dann irgendwann.

Anja und Uwe haben wir in Düsseldorf im Pärchenclub kennen gelernt, Jahre später. Karin hatte uns dort während unserer kurzen Affäre eingeführt. Sie hat uns den Club empfohlen und kannte die Betreiber. Von dort hat sie sich ihre Männer besorgt.

Trotz der positiven Erfahrung habe ich – außer beruflich – nicht viel mehr Lesbenerfahrungen gehabt. Vielleicht, weil ich zu wählerisch bin. Und beim professionellen Drehen mit anderen Frauen ist natürlich nicht diese Emotion dabei, auf die ich so viel Wert lege.

Die Frauen, mit denen ich arbeitete, waren längst nicht so naturgeil wie ich. Meistens jedenfalls. Eine der Ausnahmen: In meinem ersten Profifilm gab es eine gewisse Eva. Die war anders. Mit der habe ich eine Lesbenszene in der Badewanne gedreht. Diese Szene war sehr schön. Eva war Ungarin und genauso geil wie ich.

Man muss dazu sagen: Diese Szenen sind ja immer ein bisschen doof aufgebaut. Auch diese. Eva sollte dazu kommen, wie ich mich gerade abschminke, mich verführen, nackt herum tanzen, dann in die Badewanne steigen und mich auffordern, zu ihr zu kommen. Ich sollte mich dann ausziehen, zu ihr in die Wanne steigen. Dann ging es ganz pornotypisch weiter. Küssen, Streicheln und anschließend mit Fingern und Zunge direkt an die Möse. Ich glaube wir haben beide einen Orgasmus gehabt. Bei Eva hat es mir Spaß gemacht. Leider gab es selten solche Gelegenheiten. Häufiger waren die Lesbennummern, bei denen ich schon mal zum Regisseur gegangen bin und gesagt habe: »Also, wenn die sich jetzt nicht ein bisschen anstrengt, damit irgendwas rüberkommt, vergessen wir das Ganze.«

Denn ich kann nichts spielen, was ich nicht selber empfinde. Ich kann auch keinen Orgasmus vortäuschen. Ich kann keine Geilheit vorspielen, wenn mir nicht danach ist und die Drehpartnerin mir nicht das Gefühl gibt, dass sie es mit mir treiben will.

Von Karin haben wir uns bald entfremdet. Nach dreimal Sex war die Luft raus. Da gab es nichts Neues mehr zu entdecken. Außerdem wurde sie sehr anhänglich.

Damit habe ich ein Problem. Wenn sich aus reiner Ficklust so eine Anhänglichkeit entwickelt. Wenn es heißt: »Ach, können wir uns nicht öfters treffen?«

Ich will Lust haben, jemanden zu treffen. Ich will Lust auf diese Person haben.

Sie hat mir dann Briefe geschrieben. Lange Briefe, und ich spürte, sie fing an sich in mich zu verknallen. Das wollte ich nicht. Für mich sollte es ein Abenteuer bleiben. Ein sehr einschneidendes Abenteuer, weil ich viel gelernt hatte. Aber dabei sollte es dann auch bleiben. Wir haben den Kontakt dann langsam einschlafen lassen.

Aber ich konnte von nun an in die Rolle der Mentorin steigen. Ich war dank Karin plötzlich erfahren, was das Besondere am Sex mit Frauen ist. Ich hatte eine Expedition in ein unbekanntes Gebiet unternommen: Sexualität mit Frauen.

Frauen sind ausgiebiger, genießerischer und investieren viel mehr Geduld in den Sex. Männer gehen viel zu schnell an den Akt. Frauen kosten das aus bis ins Letzte. Und Frauen wissen, worauf es bei Frauen ankommt.

Wenn ich eine Frau befriedige, frage ich mich, was würde ihr wohl gefallen, worauf fährt die ab? Man kann sich viel besser in eine Frau hineinversetzen. Das kann kein Mann.

Bei Männern hat man sehr oft das Gefühl, die wollen sich selbst befriedigen und ihren Trieb abreagieren. Das ist wichtiger als alles andere. Und dann gucken sie mal, ob sie das auch bei ihrer Frau schaffen. So stelle ich mir das vor.

Um nicht falsch verstanden zu werden: Ich komme mit meinen Männern voll und ganz auf meine Kosten. Aber es ist ein ganz anderer Sex als mit Frauen. Auch was mir dabei durch den Kopf geht. Wenn ich mit einem Mann schlafe, dann denke ich: »Geil! Jetzt lass dich mal richtig durchficken und sieh zu, dass du einen schönen Orgasmus kriegst!«

Darauf will ich nicht verzichten. Das ist eben die härtere Variante. Aber wenn Frauen miteinander Sex haben, heißt das: viel Streicheln, viel Küssen, nur Berühren. Das Befriedigen steht nicht im Vordergrund. Muschilecken und mit Dildos vögeln – das alles zählt nicht. Körperkontakt, eng umschlungen da liegen und sich spüren – das ist der große Unterschied.

Wenn du mit einem Mann vögelst, machst du keine kurze Pause, lehnst dich zurück und willst gekrault werden. Da geht das Programm meistens weiter, bis der Höhepunkt da ist. Frauen machen schon mal gerne Rast auf halber Strecke, entspannen sich zwischendurch.

Irritierend finde ich nur Nummern mit Umschnall-Dildos. Darin sehe ich keine Möglichkeit einer ausgiebigen Befriedigung. Das ist eher Spielzeug für Pornofilme.

Ich drehte natürlich auch mal Frauenszenen, wo so ein Umschnall-Dildo dabei war. War ja ganz lustig, einmal die Position des Mannes einzunehmen und seine rhythmischen Bewegungen zu simulieren. Aber emotional hat mir das nichts gegeben. Es hat mich nicht angetörnt. Ich arbeite ungern mit Dildo. Viel lieber mit meinen eigenen Händen und meiner Zunge. Das ist viel schöner als mit einem dieser Plastikteile. Das ist nur die letzte Lösung, um sich zu befriedigen.

Denn im Grunde ist ein Dildo kalt. Kalt und hart. Einen Dildo kann man nicht mit einem Schwanz vergleichen. Überhaupt nicht. Wenn er aus Metall ist, ist er unbeugsam und es dauert lange, bis er sich auf die Körpertemperatur erwärmt hat. Und die Gummiteile rufen oft Reizreaktionen hervor. Dann tut es eher weh als dass es gut tut. Dildos sind eine steife, dumme, unbändige Masse.

Ich glaube, Dildos sind das Produkt der Männerfantasie. Mich hat noch keiner feucht gemacht. Die Männer wollen wahrscheinlich sehen, wie eine Frau auch mal, sagen wir: ihren Mann steht – und eine andere Frau so richtig hart nimmt. Aber das konnte ich nie. Es entspricht nicht meinem Naturell. Ich kam nicht mal in den Rhythmus. Es machte keinen Spaß. Ich habe das vor der Kamera nur zweimal gemacht und nicht in meinen eigenen Filmen. Einmal, als ich eine Gastrolle in »Maximum Perversum« hatte und einmal in »Teenie Exzesse«.

Von Karin hatte ich aber nicht nur das Ticket für den gehobenen Frauensex in die Hand gedrückt bekommen. Karin führte uns auch in die wunderbare Welt der Swinger-Clubs ein.

VIII Die Swingerin: Beim Sex die freie Auswahl

Der erste Club dieser Art, den wir betraten, heißt »Privater Pärchentreff« und ist in Erkrath bei Düsseldorf. Da hat es uns so gut gefallen, dass wir unseren ganzen Urlaub dort verbrachten. Eine ganze Woche Tag für Tag waren wir da. Wir haben uns ausgetobt. Dieser Club hat einen Bereich mit Bar, Buffet und Sitzmöglichkeiten. Es gibt Sauna, Swimmingpool, Whirlpool und diverse spezielle Räume. Zum Beispiel einen SM-Raum. Oder helle, romantisch gestaltet Bereiche. Oder so genannte Spannerräume. Da sind Löcher in den Wänden, durch die man anonym Leuten beim Vögeln zugucken kann.

Swinger-Clubs sind entweder ein umgebautes Haus, ein Gutshof, oder andere große Anlagen, in denen Pärchen die Möglichkeit haben, ihre sexuellen Fantasien auszuleben. Da geht fast alles. Auch heute fahren wir gerne immer wieder in unseren Stammclub, die »Oase« in Rödermark bei Frankfurt. Es gibt wenige Regeln, die man in so einem Club einhalten muss. Oft glaubt man, dass Partnerwechsel dazugehört. Irrtum.

Es gibt nur eine konkrete Regel, die überall gilt: Alles geht, nichts muss sein. Und wenn einer dich anfasst, und du sagst, du willst das nicht, muss der sofort loslassen. Sonst fliegt er raus.

Man klingelt, die Tür wird aufgemacht. Essen und Trinken ist im Preis inbegriffen. Man zahlt je nach Club zwischen 75 bis 100 Euro pro Paar.

Es gibt eine Umkleide, dort zieht man sich um. Meistens Dessous. Die Männer tragen Boxershorts. Frauen oft hohe Schuhe. Man will ja den anderen betören, sexy sein. Zuerst setzt man sich in die Bar, trinkt was und sucht Kontakt. Das ist vor allem für Anfänger nicht immer leicht. Beim ersten Besuch saßen wir steif wie Broccoli da und haben uns nicht getraut irgend jemanden anzusprechen.

Swinger-Clubs sind eine Institution, die sehr viele Leute benutzen. Ich bin überzeugt, dass sich in jeder Familie jemand befindet, der einen Swinger-Club besucht. Die »Oase« in Frankfurt ist ein sehr großer Club. Und sehr bekannt. Da passen gut 150 Paare rein. Es ist ein dreistöckiges Haus. Unten befinden sich ein Swimmingpool, Sauna und Barbereich.

Es ist peinlich sauber da. Auf gründliche Körperpflege wird genau geachtet. Wenn die Leute auf die Matte gehen – das heißt also, nach oben gehen und vögeln – dann bekommt man Handtücher mit auf den Weg. Kondome sind Pflicht. Die liegen überall rum. Und Schachteln mit Kleenex. Man stolpert praktisch ständig darüber.

Ich mag die Matten nicht. So organisiert zum Ficken zu gehen, ist für mich abtörnend. Ich finde es spannender, einfach loszulegen, wenn man unten in der Bar gerade Lust aufeinander hat. Auf jeden Fall ist es aufregender als da oben in einem dunklen Raum auf einer Matte. Da sehe ich ja gar nicht, wer mich anpackt.

In der Oase ist es sehr schön. Es gibt viele Sitzecken. Vor einem halben Jahr waren wir zum letzten Mal mit unserer Clique da. Es wurde getrunken, dann gestreichelt, und dann ist es über uns gekommen. Wir waren nur noch ein einziger Fleischkloß von fünf Frauen, die sich gegenseitig verwöhnten. Die anderen, die mich nicht näher als Michaela Schaffrath kannten, nur als Gina Wild, die haben natürlich Stielaugen gekriegt.

Unsere Freunde kennen mich schon aus der Zeit bevor ich Pornos gedreht habe. Für die bin ich immer noch die Michaela, nicht die Gina.

Das sind übrigens sehr gut aussehende Paare. Als Neuling hat man es nicht leicht, in unsere Clique aufgenommen zu werden. Wir sind ziemlich aufeinander fixiert. Es ist wie bei einem eingespielten Team. Alle sind Ende 20 bis Ende 30. Und sehr tolerant, versteht sich. Wir haben sehr viel Spaß miteinander, nicht nur körperlich. Darum gibt es natürlich auch Abende, an denen gar nicht gevögelt wird.

Wenn wir allerdings loslegen, dann gibt es das volle Programm. Frau mit Frau. Frau mit Mann. Mann mit Mann aber nicht.

Männer untereinander habe ich noch nie in einem Swinger-Club erlebt. Oft beschäftigen sich die Frauen untereinander und die Männer stoßen allmählich hinzu. Das Ganze ist sehr ästhetisch anzusehen und überhaupt kein wildes Durcheinander. Wenn mehrere Leute miteinander Sex haben, koordiniert sich das von selber. Zugegeben ist bei uns da auch eine ganze Menge Erfahrung mit im Spiel.

Mal bläst eine Frau einen Mann und wird dabei von hinten gevögelt. Oder zwei Frauen blasen gleichzeitig einen Mann. Oder eine vögelt einen Mann, der am Rücken liegend die andere leckt. Die schmust mit der Frau die auf dem Mann sitzt. Etwas verwirrend, aber es funktioniert.

Und es ist immer wieder ein beeindruckendes Erlebnis. Als wir zum letzten Mal dort waren, sagte ich zuerst:

»Ach, ich habe gar keine Lust zum Vögeln. Aber lass uns fahren. Ich möchte noch mal die Leute sehen.«

Dann sitzen wir schön in die Ecke gefläzt da, und eine von den Frauen fängt an mich zu streicheln. Am Arm, am Bein, am Bauch. Und dann hat mich doch noch die Vögellust ergriffen. Axel meinte nachher spöttisch: »Jaja. Sag du noch einmal, du hättest keinen Bock.«

Was soll ich tun? Ich kann das eben nicht planen. Entweder ich habe Bock drauf oder nicht. Ohne Spontaneität geht gar nichts bei mir.

Es gibt eine besondere Art von Swinger-Clubs, das sind die Herrenüberschussclubs. Wenn du es als Frau mal besonders nötig hast und zum Beispiel eine Gang-Bang-Nummer durchziehen willst, dann ist das der ideale Ort dafür.

Gang Bang – das ist eine Besamungsorgie, bei der viele Männer um dich stehen und auf dich draufspritzen. Im Film habe ich so etwas schon mal gemacht. Auch privat. Das ist eine sehr spezielle Erfahrung.

Ich mag es nämlich, angespritzt zu werden. Aber reinspritzen darf bei mir keiner, außer natürlich Axel. Das mag ich nicht. Ich weiß, das klingt genau betrachtet ziemlich verrückt. Trotzdem, es ist mir einfach zu intim, wenn einer in mich reinspritzt.

Gelegentlich kommt das trotzdem vor. Typen, die reinspritzen. Das macht mich wirklich sauer.

Gang-Bang hat für mich auch nichts mehr mit Vögeln zu tun. In meinem ersten Film gibt es eine Gang-Bang-Szene. Sie ist eine der besten, die ich kenne.

Eine kleine Randbemerkung: Der Film heißt unsinnigerweise »Jetzt wird's schmutzig, Teil eins«. Leider kann ich mich mit meinen Filmtiteln überhaupt nicht identifizieren. Sie sind irreführend. Denn es wird nicht schmutzig in meinen Filmen. Das war über lange Zeit ein heftiger Konflikt mit meinen Produzenten, und ich habe mich zum Schluss durchgesetzt. Ab meinem vierten Gina Wild-Film heißt die Reihe nicht mehr »Jetzt wird's schmutzig«.

Das ist für mich schon wichtig. Denn wenn du in die Videothek gehst und diesen Titel siehst, erwartest du was ganz Ekliges. Aber meine Filme sind das genaue Gegenteil.

Zurück zum Gang-Bang: Die allerletzte Szene ist bereits extrem erotisch. Da habe ich meinen legendären Spinnenbody an, bei dem die Brust rausschaut. Dieser Body war Kult. Nachdem der Film in den Handel gekommen war, hat sich genau dieser Body auf sämtlichen Erotikmessen wie blöd verkauft. Ich habe das Film-Original auf meinem Fanclubtreffen im letzten Jahr versteigert. Kurz nachdem feststand, dass ich aufhöre.

Die Szene war so angelegt, dass ich eine Treppe herunterkomme, die mit einem roten Samttuch ausgelegt ist. Ich lege mich auf die Treppe und befriedige mich selber. Von beiden Seiten kommen zwölf Typen, die nur wichsen. Nichts anderes. Dann spritzen sie auf mich ab.

Diese Szene hat während der Dreharbeiten Axel bereits so auf Touren gebracht, dass er mich nach Drehschluss sofort gepackt hat, vollgespritzt wie ich von diesen zwölf Schwänzen war, mir den Mantel übergeworfen hat und mit mir ins Hotel raste. Es war in Paris. Wir sind mit dem Taxi gefahren. Der Fahrer war total verwirrt weil ich nur meine High Heels und Mantel trug, im Gesicht die Wichse hängen hatte und die Haare auf halb acht.

Das war der erste professionelle Gina Wild-Film, gedreht Ende 1998.

IX Und Action! Mein erster Auftritt auf Video

Doch nicht nur meine ungezügelten Leidenschaften reiften. Auch unser bürgerliches Leben steuerte seinem Höhepunkt zu.

Am 7. Oktober 1994 heirateten wir im Stolberger Rathaus. Heiraten war schon immer ein Thema für uns gewesen. Wir hatten uns aber aus finanziellen Gründen nicht daran gewagt. Entsprechend unspektakulär war dann auch die Zeremonie. Aber das hat uns nicht gestört.

Es passte einfach alles zu diesem Zeitpunkt. Der Hochzeitstag war wunderschön. Die Sonne schien, obwohl bereits tiefster Herbst war. Wir haben nur standesamtlich geheiratet. Ich hatte ein blaues Kostüm an, Rock und Jacke. Axel trug einen schwarzen Anzug.

Ich würde gerne auch kirchlich heiraten. Ganz in weiß. Axel spricht in letzter Zeit öfter davon. Ich denke, wir werden es bald tun.

Am Abend vor der Hochzeit war ich mächtig aufgeregt und konnte kaum schlafen. Ich musste die Nacht über Lockenwickler tragen, wegen meiner Frisur. Das zwickte und zwackte.

Dann war der Tag endlich da – und viel zu schnell wieder vorüber. Im Garten meiner Eltern gab es ein kleines Fest. Die Familie hat uns ein riesiges blaues Heliumherz geschenkt, mit Glitter. Der ist dann leider bei der Fahrt im Cabrio abgefallen.

Wir haben danach ein Wochenende mit einem befreundeten Pärchen auf Schloss Lembeck verbracht, ein Wasserschloss mit einem altem Restaurant im Keller. Das war unsere bescheidene kleine Hochzeitsreise mit Himmelbett, knarrendem Holzboden, schweren Kommoden und Kamin.

Naja, meine ersten Gehversuche in der Pornoszene waren beinahe harmlos. Und sie waren von meiner Seite gar nicht geplant. Ich tat sie eher aus einer Laune heraus.

Der erste Schritt war der Film »Amateure zum ersten Mal gefilmt« von 1995. Das war der Film, den meine Eltern im Jahr darauf in die Hände bekommen sollten. Kurz danach kam der zweite Amateur-Dreh. Der hatte den Titel: »Sind das etwa Ihre Nachbarn?«

Es war ein Dreh, zu dem sich mehrere Paare am Set eingefunden hatten. Eigentlich sollten Axel und ich darin eine Szene haben. Aber wir haben dann vor Ort ein Pärchen kennen gelernt, das uns gefallen hat.

Sie war eine große schlanke Frau mit langen blonden Haaren. Auch im Gesicht sehr hübsch. Und er war muskulös, blond und hatte blaue Augen. Da haben wir mit dem Produzenten Uwe gesprochen und ihm gesagt, wir hätten kein Problem mit einem Partnerwechsel.

Axel und die fremde Frau waren als erstes dran. Er war spitz auf sie und hat sich sehr gefreut. Axel hat angefangen sie zu streicheln und zu lecken, und sein Ding wuchs, und er war rattenscharf auf sie.

Da dreht die sich rum, weil Axel sie von hinten nehmen will und plötzlich ist es vorbei. Warum?

Sie hatte Haare auf dem Hintern wie ein Mann. Da ist bei Axel alles zusammengefallen. Er dachte, er muss einen Mann ficken. Ich habe noch versucht ihn anzutörnen, bin neben ihm gestanden und habe ihn gestreichelt. Er hat aber nur gesagt: »Meine Potenz hat mich verlassen.«

Es war ihm unangenehm, den wahren Grund zu nennen. Ich hingegen hatte Glück mit meinem Typen. Der arme Axel. Aber so was passiert eben.

Unsere Amateurfilme für die Firma Puaka sind dem zuständigen Geschäftsführer in Wiesbaden aufgefallen. Er fand meine frische, freie und naive Art schön. Wir haben uns verstanden.

Er wollte mich dafür gewinnen, dass ich auf der Hausmesse eines großen Erotikversands in Wiesbaden auftrete. Ich sollte für ihn am Stand als Hostess arbeiten. Er war der allererste, der mir auf den Kopf zu sagte: »Du solltest Porno machen. Du bist so ein exhibitionistisches Biest. Du hast eine Ader dafür.«

Ich habe mir damals so etwas noch nicht zugetraut. Die notwendige Lust dazu hatte ich schon. Aber die Scheu war noch zu groß. Mir fehlte der Mut, in der Öffentlichkeit zu stehen. Ich habe noch nicht daran geglaubt, dass ich es schaffe, die Leute davon zu überzeugen, dass ich sexy bin, und dass sie meine Filme kaufen müssen. Dieses Selbstvertrauen kam erst später. Mit meiner optischen Wandlung, die einen völlig neuen Menschen aus mir machte.

Da habe ich nun auf der Messe gearbeitet. Es wurden Filme vorgestellt, die auf Leinwänden daneben liefen. Ich hatte ein sexy hochgeschlitztes schwarzes Kleid an und stakste mit High Heels um meinen Stand herum. Ich war von einer Visagistin geschminkt worden. Die Leute wollten Fotos mit mir. Ich war ein Blickfang. Es hat mir Spaß gemacht, dass die Männer auf mich abfuhren.

Und auch einige der Aussteller sind auf mich aufmerksam geworden. Sie sprachen mich an. Es war wohl meine unbekümmerte Art, die die Leute an mir mochten. Das geschah im Oktober 1995. »Amateure zum ersten Mal gefilmt« war eben erschienen.

Auf der Messe in Wiesbaden bin ich einem gewissen H. O. Flöhs aufgefallen. Der hatte EDV-Systeme für Videotheken und Sex-Shops entwickelt. Er engagierte mich für zwei Messen im Herbst 1996 und im Frühjahr 1997. Ich habe gerne zugesagt, denn Axel und er verstanden sich gut.

Ansonsten lebten wir unser kleines Leben weiter. Nichts Besonderes geschah. Die Gelegenheit zu filmen ergab sich vorerst kein weiteres Mal. Wir haben aber auch nicht unbedingt danach gelechzt. Wir gingen in Swinger-Clubs, sahen uns zu Hause Pornofilme an und übten jeder für sich gewissenhaft unsere Berufe aus. Axel hatte inzwischen seine Ausbildung zum Industriekaufmann abgeschlossen und reiste als Vertreter.

In mir drin glimmte aber weiterhin ein kleines Flämmchen. Und bald wieder sollte es auflodern. Vorher allerdings musste ich noch einen wichtigen Schritt in meiner Entwicklung machen. Es war im ersten Halbjahr 1997.

X Die Traumfrau: Der Abschied von den Pfunden

Ich hatte festgestellt, wie stark ich auf Männer wirkte. Das wurde mir auf meinen Messeeinsätzen klar. Vermischt mit dem großen Spaß am Sex und meinem Exhibitionismus steigerte sich nun auch mein Selbstbewusstsein. Ich war inzwischen der Überzeugung, dass ich mehr aus meinem Körper machen kann. Und es hat mich weiterhin gewurmt, wie sehr die Pornomiezen aus den Filmen Axel aufheizten.

Ich dachte mir: »Das musst du doch auch hinkriegen können!« Ich wusste, wenn ich mehr Ehrgeiz in die Gestaltung meines Körpers investiere, werde ich bei den Männern noch erfolgreicher sein. Ich, die Michaela mit ihren braunen gelockten Haaren und 60 Kilo Körpergewicht bei 1,60 Meter Größe, war ein Blickfang für die Männer. Das war eine solide Basis, auf der man weiterarbeiten konnte. Ich fragte mich, wie ich ein paar Kilo abnehmen könnte.

Denn ich war nach wie vor ein Pummelchen. Aber ein ehrgeiziges Pummelchen.

Dann kam der Tag, ab dem sich mein Leben radikal ändern sollte. Axel war eine Woche beruflich unterwegs. Ich war erkältet und krank und lag im Bett. Mir war langweilig. Und ich war wütend. Ich stand auf, schlurfte ins Bad und blickte in den Spiegel. Vor mir stand ein zerknautschtes Persönchen mit wirrem Haar und funkelnden Augen. Da habe ich mir gesagt: »Hau ab! Ich will dich nicht mehr sehen.«

Es gibt ein Prinzip, das man sich vor jeder Diät einprägen sollte: Wenn man nicht hundertprozentig weiß, dass man abnehmen will, sollte man es besser sein lassen. Denn dann schafft man es sowieso nicht. Ich war mir hundertprozentig sicher.

Die Kampfzonen waren schnell definiert: Bauch, Beine, Po. Ich habe mit Axel geredet, und wir waren uns einig: Zusammen geht es leichter. Wir meldeten uns im Fitness-Studio an. Da lebten wir schon in Obertshausen bei Frankfurt.

Ich war so vom Ehrgeiz getrieben, Axel und mir selbst zu beweisen, dass ich auch so eine Hammerfigur haben kann wie alle Pornomiezen dieser Welt, sodass ich täglich jede freie Minute, die ich hatte, ins Studio ging und trainierte wie eine Bekloppte. Vor dem Spätdienst und nach dem Frühdienst quälte ich mich. Zwei Stunden täglich. Fahrrad und Hanteltraining.

Und ich stellte meine Ernährung um. Diätplan: Friss die Hälfte. Keine Pommes, keine Currywurst, keine fettige Hähnchen, keine Pizza, keine Sahnesoßen, kein Süßkram. Schluss damit. Dafür viel Obst und Gemüse. Irgendwann hat sich mein Magen an diese Ernährung gewöhnt, sodass ich all diese Dinge gar nicht mehr zu mir nehmen mochte. Disziplin war die Devise. Schon nach zwei Monaten spürte ich eine deutliche Verbesserung. Nach einem halben Jahr hatte ich meine Traumfigur erreicht.

Später, zu meiner Glanzzeit als Hardcore-Darstellerin, wog ich 48 Kilo. Da ging ich auch noch jeden Tag ins Studio. Mit diesen 48 Kilo habe ich mir am besten gefallen. Heute habe ich leider nur wenig Zeit zum Sport. Deswegen wiege ich jetzt 50 Kilo.

Geraucht und getrunken habe ich ohnehin nie. Daraus erklärt sich auch meine glatte Haut. Ich habe glücklicherweise eine sehr glatte Gesichtshaut. Jede Visagistin bestätigt mir das. Nivea macht's möglich. Ich habe nie großartig Hautpflege betrieben. Ich schminke mich ungern, doch leider lässt sich das wegen dem gnadenlosen Scheinwerferlicht und der Fotografenblitze oft nicht vermeiden.

Es folgte Phase zwei meiner wunderbaren Wandlung zum Sexsymbol. Oft hatte mir Axel gesagt, dass er blonde Frauen sehr sexy findet. Ich wusste aus den Medien, dass blonde Frauen in der Öffentlichkeit besser ankommen. Blond ist eben sexy.

Da stand ich also vor meinem Spiegel. Ich wollte eine andere sein. Und dann ging ich mitten in der Abnehmphase zum Friseur, ohne Axel davon erzählt zu haben. Ich hatte ein mulmiges Gefühl dabei. Ich konnte überhaupt nicht abschätzen, wie ich wirke, wenn ich blond bin. Ich entschied mich erst mal für den Schongang und bat darum, mir ein paar blonde Strähnchen zu machen.

Axel kam nach Hause, ich machte die Tür auf, und ihm fiel die Kinnlade runter. Aber er fand es total klasse. Seitdem bin ich blond. Und ich will immer eine Blondine bleiben.

Dann kam der Dezember 1997. Mein 27. Geburtstag nahte. Und ich hatte ein verlockendes Angebot vorliegen.

Mein EDV-Spezialist bat mich, diesmal seine Firma auf der Venus-Messe zu vertreten. Es war das erste Mal, dass diese Messe veranstaltet wurde. Inzwischen ist die Venus eine der bedeutendsten Erotikmessen weltweit.

Wir fuhren bei Schneetreiben mitten in der Nacht nach Berlin. Um vier Uhr morgens sind wir mit meinem

Opel Kadett angekommen. Wir schliefen im Ibis Hotel direkt am ICC, wo die Messe stattfand. Es war Freitag. Nach wenigen Stunden meldete ich mich fein rausgeputzt am Stand meiner Firma.

Es war ein leichter Job. Alle waren nett zu mir. Und ich musste mich nicht sonderlich anstrengen. Der Tag ging vorbei, und todmüde fielen wir ins Bett. Wir hatten viel Schlaf nachzuholen.

Dann war Samstag, der 6. Dezember. Nikolaustag und mein Geburtstag. Und ich hatte auf einmal den Schwanz von Rocco Siffredi in der Hand. Rocco Siffredi, Idol eines jeden Pornofans. Ich hatte Rocco von weitem gesehen, es aber nicht gewagt, ihn anzusprechen. Ich war total begeistert. Rocco Siffredi! Rocco Siffredi! Er stand hier in der Halle, wenige Meter von mir entfernt. Ich atmete dieselbe Luft wie er. Das alleine fand ich schon aufregend. Ihn ansprechen? Nie im Leben! Ich war mir sicher, dass ich ihm auf die Nerven falle, wenn ich ihn anquatsche. Dieser Mann hat in der Pornoszene einen Promistatus wie Brad Pitt in Hollywood. Und alle haben auf ihn eingequatscht. Eine Traube hatte sich um ihn gebildet. Ich sagte mir, wenn du da auch noch kommst, ist der restlos abgenervt.

Axel aber stachelte mich auf: »Komm, geh doch hin. Das ist die Gelegenheit. Du wirst mir nachher die Ohren voll heulen, wenn du ihn jetzt nicht ansprichst.«

Da holte ich tief Luft, ging hin und sagte ihm ins Gesicht: »Hi. Ich bin ein großer Fan von dir und finde deine Filme toll.«

Er fragte mich sofort, wie ich denn hieße und wo ich her käme. Und dann hat er mich auf einmal an sich gerissen, in die Arme genommen und mich gedrückt. Er rief: »Guckt mal, hier! Ein deutsches Mädchen. Das findet mich total toll.«

Ich hatte ein ziemlich eng anliegendes Teil an. Man konnte sehen und spüren, was ich drunter hatte. Er meinte: »Du fühlst dich so geil an, da krieg ich ja gleich einen Ständer!«

Schlagfertig antwortete ich: »Wo? Zeig mal!«

Mit einem Mal hatte ich alle Scheu abgelegt. Wir standen mitten in der Messehalle. Er machte lachend seine Hose auf, packte meine Hand und steckte sie rein. Und so hatte ich, noch ehe ich es begriff, schon seinen steifen Schwanz in der Hand.

Im selben Augenblick merkte ich, dass eine Fernseh-Kamera auf uns gerichtet war. Da bekam ich es mit der Angst zu tun, dass jemand aus dem Krankenhaus das sehen könnte. Ich zog blitzschnell meine Hand zurück. Wir haben noch ein paar nette Fotos zusammen gemacht. Die Leute applaudierten.

Das war meine erste Begegnung mit einem professionellen Pornoschwanz.

Am Abend desselben Tages war die große Venusgala mit Preisverleihung. Zutritt nur für geladene Gäste. Wir hatten Tickets, die uns ein netter Pornodarsteller besorgt hatte. Die Darsteller, die auf der Messe rumgingen, sind alle scharf auf mich gewesen. Das habe ich mit Genugtuung festgestellt.

Ich war bei einer Friseuse gewesen, hatte Haare und Make-up machen lassen und ein langes Kleid in meiner Lieblingsfarbe Hellblau angezogen.

Man muss sich diese Veranstaltung wie eine herkömmliche Preisverleihung vorstellen. Es gab lange, festlich gedeckte Tische und alle hatten sich fein rausgeputzt. Moderatorin Lilo Wanders führte das Publikum durchs Programm. Viele wichtige Produzenten waren da. Aber auch Verleger, Darsteller, Videofirmen, Transvestiten und das ganze Fußvolk der Szene. Ein paar hundert Leute.

Ich wurde freundlich aufgenommen in diesem Kreis. Kein einziges Mal an diesem Abend habe ich Misstrauen, Scheu oder andere Vorbehalte gespürt.

Ich lernte die Größen des Pornogeschäfts kennen. Sie bewunderten meine Ausstrahlung, mein Gesicht, den Busen, lobten meine Figur und meinten, ich wäre wohl ein Naturtalent. Das war ermutigend. Ich fühlte mich geschmeichelt.

Da wusste ich endgültig, ich habe es – das gewisse Etwas, um das ich die Pornomiezen immer beneidet hatte. Ich habe es geschafft! Und ich fand es wunderschön, mit solch offenen Armen empfangen zu werden.

Später traf ich Pornostar Sarah Young. Ich wusste, sie würde noch an diesem Abend ihren Abschied als Darstellerin bekannt geben. Sie war unterhaltsam und nett, hat sämtliche meiner neugierigen Fragen beantworten.

Ich wollte alles wissen über die Szene. Die Gelegenheit mit so vielen Leuten zu sprechen, die man sonst nur von den Filmen her kannte, war einmalig. Es ist aufregend, jemandem persönlich zu begegnen, an dem man sich bisher nur in der Fantasie aufgegeilt hat.

Es nahte der Moment der Venus-Verleihung. Und als Sarah Young da oben auf der Bühne stand und den Preis in die Hände gedrückt bekam, habe ich zu Axel gesagt: »Ach, es muss so toll sein einmal da oben zu stehen und alle Welt bewundert dich.«

Sarah Young bekam zum Abschied den Preis für die beste Darstellerin. Sie hat fantastisch ausgesehen. Sie war angezogen wie zur Oscar-Verleihung.

Ich fand das genial. Ich habe zu Axel gesagt, ich wünschte, ich wäre auch ein Star und würde im Rampenlicht stehen. Ich wünschte, ich würde auch mal auf eine Bühne gerufen, um so einen Preis entgegen zu nehmen.

Dieser Wunsch sollte früher als gedacht in Erfüllung gehen. Genau zwei Jahre später, Ende 1999, habe ich da oben gestanden – und geheult, weil ich damals genau an diesen Moment denken musste, als ich neben Axel saß und davon träumte, auch einmal dorthin zu gelangen, wo ich gerade tatsächlich stand. Der Traum war Wirklichkeit geworden. Und auch mancher Albtraum.

Die Venus 1997, das ganze Tamtam, diese Herzlichkeit gegenüber mir als völlig unbekanntem Wesen, das hat mich schlicht überwältigt. So viele Leute sprachen mich auf dieser Gala an, ob ich nicht in die Branche einsteigen möchte. Ich muss gut ausgesehen haben damals. So wie heute. Sechs Monate später, im Juni 1998, war ich auf dem besten Weg, ein Pornostar zu werden.

Ich fühlte mich wohl unter den Leuten. Schampus trinken, feiern – das gefiel mir. Ich fragte all die Fragen, die mir heute gestellt werden, wenn ich auf einer Veranstaltung bin. Deswegen nehme ich es heute niemandem übel, wenn ich ausgefragt werde. Das nervt mich überhaupt nicht. Es ist doch schön, wenn es Leute gibt, die interessiert sind.

Die Gala dauerte bis morgens um sechs Uhr. Zum Abschluss des offiziellen Programms trat die Gruppe Kool and the Gang auf und sang Medleys. »Ladies Night«, »Cherish« und was es sonst noch alles von ihnen gibt. Bei »Ladies Night« stand ich auch auf dem Tisch.

Da tanzten schon ein paar herum. Ich war berauscht. Nicht vom Alkohol, sondern von diesem sexuellen Knistern. Es wurde gestreichelt, geknutscht und sehr lasziv getanzt. Und plötzlich näherte sich ein französischer Darsteller, Philippe Dean. Der war so aufgeheizt, dass er mir das Kleid hob und versuchte mich zu lecken. Ich hatte kein Höschen an.

Und ich habe nicht gemerkt, wie das Kamerateam von »Wahre Liebe« neben mir in Stellung ging und mit dem Objektiv voll auf die Aktion hielt. Der Beitrag wurde zu meinem Entsetzen dann auch gesendet. Da war dann zu sehen, wie ich am Tisch liege und Philippe zwischen meinen Beinen hängt. Gott sei Dank hat das keiner meiner Kollegen aus dem Krankenhaus gesehen.

Ja, ich habe mich sehr schön und sexy gefühlt nach diesem Abend. Während der ganzen Rückfahrt von Berlin nach Obertshausen, die ganzen sechs Stunden hindurch, habe ich mit Axel hin- und hergewälzt, ob ich nicht anfangen sollte, Pornofilme zu machen. All diese Komplimente und die gierigen Blicke haben mich bestärkt, die Pornokarriere anzustreben. Aber uns fehlte noch der Mut.

Es ging also nach Hause und der Alltag empfing uns wieder mit der gewohnten Routine. Ich tingelte über Messen und verdiente mir ein hübsches Taschengeld zu meinem Gehalt als Kinderkrankenschwester dazu.

Nicht nur für meinen ersten Auftraggeber, den EDV-Unternehmer, sondern auch für einen Mann, den ich seit 1996 kannte. Da bin ich Lothar Mohr in unserem Swinger-Club, der »Oase«, begegnet. Er machte mich neugierig, denn er beschäftigte sich mit einer interessanten Idee.

XI Der Profi: Wie eine Amateurin entdeckt wird

Lothar Mohr macht Gipsabdrücke von Körpern. Aber auch Schwanzabdrücke und Muschiabdrücke. Und er gießt Modelle davon. Es funktioniert wie beim Zahnarzt, wenn der einen Kieferabdruck macht. Kein Wunder, Lothar ist ja auch von Haus aus Zahntechniker. Er demonstrierte in der »Oase«, wie so etwas gemacht wird. Und er war auf Erotikmessen unterwegs, um mit seiner Firma Aufträge zu sammeln. Ich wollte unbedingt einen Abdruck meiner Brust haben. So haben wir uns kennen gelernt.

Er goss also meine Titten in Gips. Und er fragte mich, ob ich Lust hätte, mit ihm auf den Messen zu arbeiten, als Model, und mir vor dem Publikum Muschiabdrücke machen zu lassen. Die Masse wird mit einer Spritze aufgetragen. Das ist das Negativ. Darin wird dann das fertige Modell gegossen.

Das fand ich prickelnd. Da kam bei mir wieder mein Exhibitionismus raus, mein Drang an die Öffentlichkeit. Ich hatte nicht das geringste Problem damit, vor der Menge meine Beine breit zu machen, damit er seine Abdrücke herstellen konnte.

So bin ich mit ihm auf die Messen gefahren. Zum letzten Mal Anfang 1998 nach Brüssel, auf eine sehr große Erotikmesse. Dieser Einsatz sollte letztendlich bewirken, dass ich Hans Moser kennen lernte.

Die Namensgleichheit mit dem berühmten österreichischen Volksschauspieler ist zufällig. Hans Moser ist – oder besser: war – der größte Starmacher im deutschen Pornogeschäft. Und Hans Moser hat mir die schwerste Niederlage meines Lebens zugefügt. Die Begegnung mit diesem Menschen war schicksalhaft in jeder Beziehung.

Es kam so: Auf dieser Brüsseler Messe knüpfte ich einen neuen Kontakt. In einem Hotel fand eine abendliche Preisverleihung statt. Ein holländischer Fotograf fotografierte mich dort. John Singh hieß er. Wir sind ins Gespräch gekommen. Er war einer von vielen, die gefragt haben, warum ich nicht schon längst Pornofilme machte. Axel und ich waren nun an einem Punkt angelangt, an dem unsere Skepsis der steten Nachfrage nicht länger standhalten konnte. Wir wollten es darauf ankommen lassen.

John Singh erzählte uns, dass Hans Moser auf der Suche nach einem neuen Mädchen sei. Hans Moser, der Macher von Teresa Orlowski und Sarah Young. Was für eine Chance! Wir waren wie vom Blitz getroffen.

XII Die Abenteurerin: Mein Absprung vom seriösen Job

Es gibt kaum Karrieren im Pornogeschäft, die Alleingänge waren. Die meisten Karrieren sind Teamarbeit. Dolly Buster und ihr Mann Dino Baumberger sind ein Beispiel. Und die Geschäftsbeziehungen von Hans Moser, die zum Teil auch privater Natur waren: Teresa Orlowski, Helen Duval, Sarah Young.

Als Frau schaffst du es in diesem Business nur, wenn du einen starken Partner hast. Es gibt zu viele Situationen, wo sie mit dir machen, was sie wollen. Ich bin froh, dass ich Axel an meiner Seite habe. Als Schutz vor Anmache. Manchmal meinen Produzenten und Darsteller wirklich, weil man Pornos dreht, ist man Freiwild. Und das wird ausgenutzt.

Als ich Sarah Young bei der Venus-Verleihung 1997 traf, sagte sie mir, dass sie sich in der Branche nicht mehr wohl fühle. Immerhin – sie hat fast zehn Jahre durchgehalten. Es wurde ihr wohl immer mehr bewusst, wie wenig Respekt man als Frau in diesem Umfeld genießt.

Herr Moser war also auf der Suche nach einem neuen Mädchen, das er zum Star aufbauen konnte. Wir waren fest davon überzeugt, dass er der einzige sei, der das schaffen könne. Er hatte es ja dreimal hintereinander bewiesen. Wir haben zu John Singh gesagt, er könne die Fotos von mir Hans Moser zeigen.

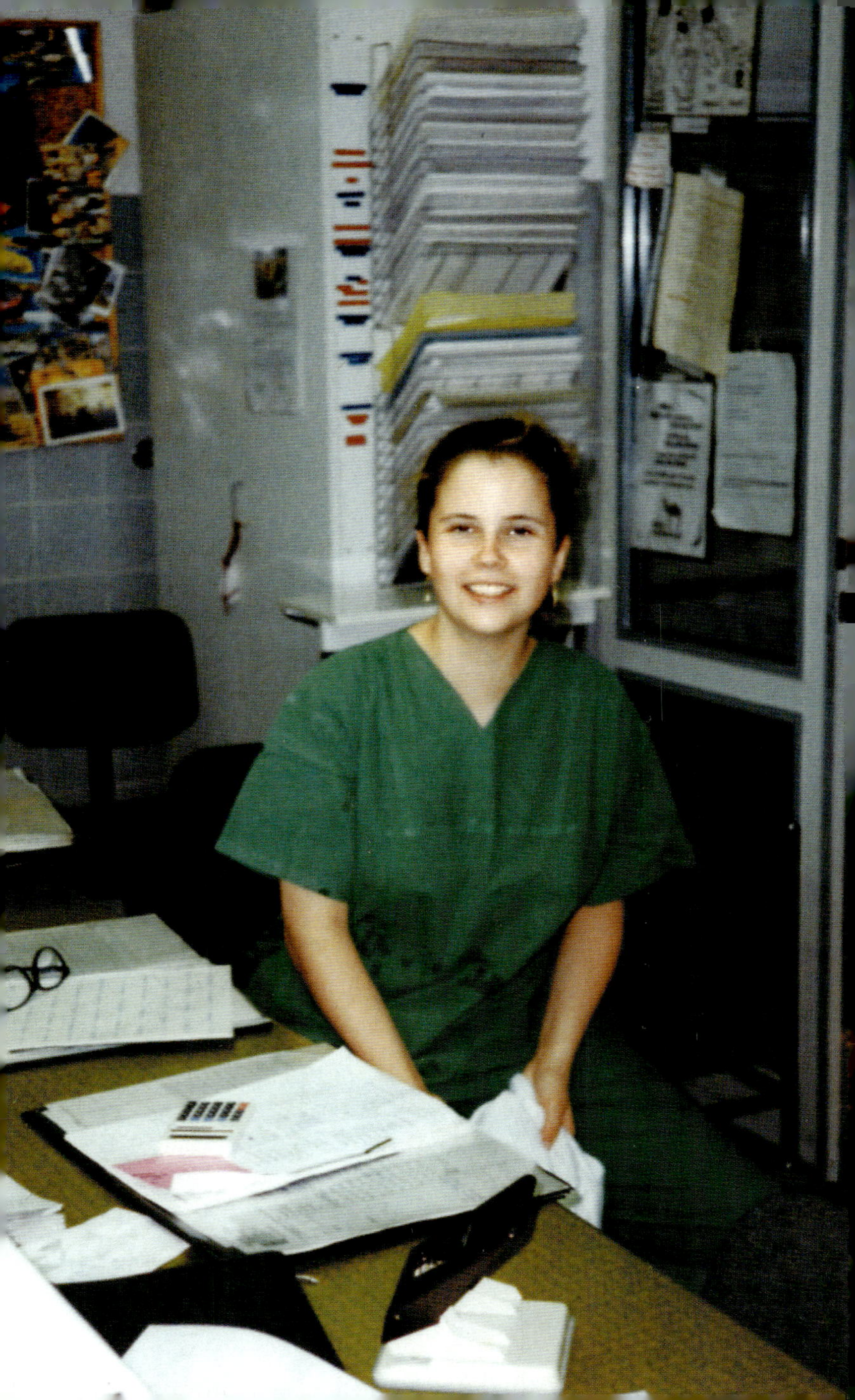

Hans Moser war für uns fast heilig. Er hatte bewiesen, dass er das besondere Auge hat. Wir waren überzeugt, er hätte das Know-how und den finanziellen Hintergrund. So hat er es später auch uns gegenüber dargestellt.

Es ging erst wieder nach Hause. Und unser Leben nahm seinen normalen Trott. Zwischendurch fragten wir uns, ob sich wohl jemals jemand bei uns melden würde. Und wir guckten weiterhin Pornofilme. Einen hatten wir besonders gerne, weil eine Darstellerin mitspielt, die uns beiden sehr gefällt: Ginger Lynn.

Axel findet sie toll, weil sie ihn an mich erinnert. Eine zierliche, wohlgeformte Frau. Titel dieses Films: »Meine feuchte Schwester«. Den kann ich sehr empfehlen. Es sind tolle Szenen und schöne Darsteller zu sehen. Kein dumpfes Gerammel sondern schöner geiler Sex. Genau das, was ich versucht habe in meinen Filmen umzusetzen. Ginger Lynn war schon seit langem mein Vorbild. In der Gestik, ihrer Natürlichkeit, ihren sexuellen Praktiken. Ich habe keinen Film mit ihr gesehen, in dem Grenzen überschritten wurden, die ich für mich selbst gesetzt hatte.

Fausten lasse ich mich zum Beispiel gar nicht. Da geht mir keiner ab. Und Praktiken mit Fäkalien. Tiere, Kinder, all das abartige Zeug kommt für mich nicht in Frage.

Gut, es gibt Filme, wo ich auch mal die Fetischisten bedient habe. Ich pieselte in einen Blumentopf, weil es Leute gibt, die auf so etwas stehen. Ich hab aber nie einen anderen Menschen angepinkelt. Das finde ich abstoßend. Das gibt mir gar nichts.

Urplötzlich, an einem stinknormalen Wochentag, klingelte bei uns zu Hause das Telefon. Wir waren beide da, und Hans Moser war am anderen Ende der Leitung. Da ist Axel fast der Hörer aus der Hand gefallen. Hans Moser sagte:

»Ich habe die Bilder von der Michaela gesehen, und sie gefallen mir sehr gut. Ich wollte mich gerne mal mit euch unterhalten, ob Michaela Interesse hätte, mein neuer Pornostar zu werden.«

Axel und Hans Moser haben sich sehr lange unterhalten. Und Hans Moser hat uns für ein verlängertes Wochenende auf seine Finca nach Mallorca eingeladen. Ende März sollten wir kommen, damit wir uns kennen lernen. Und um festzustellen, ob wir uns sympathisch sind.

Ich habe erst mal nicht mitbekommen, was die beiden da besprochen haben. Axel hat geduldig zugehört, dann aufgelegt und musste sich setzen. Er konnte erst mal gar nichts sagen. Dann fand er seine Sprache wieder und informierte mich: »Moser will dich als Nachfolgerin von Sarah Young aufbauen.«

Es war toll. Alles war für uns arrangiert worden. Flug, Hotel, Unterhaltungsprogramm. Die Tickets kamen per Kurier. Wir wohnten in einem schönen Viersterne-Hotel mitten in Palma.

So lernten wir Hans Moser kennen. Er hat eine Tochter, mit der er auf seiner schönen Finca außerhalb von Palma wohnte. Sie war damals 19. Wir erlebten vier herrliche Tage, fuhren über die Insel, waren toll essen, und er zahlte immer. Er zeigte uns die schönsten Plätze von Mallorca. Puerto Andratx, Valdemossa, Cap de Formentor.

Moser sprach über seine Vision und schwadronierte davon, wie er mich aufbauen wollte.

Ich habe mich nach Sarah Young erkundigt, seiner Frau. Sie war offenbar nicht mehr im Haus. Offiziell lebten die beiden noch zusammen. Sie waren jedenfalls zu diesem Zeitpunkt noch verheiratet. Moser sagte uns, Sarah sei in den USA, um Jura zu studieren. Das hatte sie in einer offiziellen Pressemitteilung auch angekündigt.

Ich habe Sarah niemals in Mallorca und nie in der Nähe Hans Mosers gesehen. Aber das kam uns nicht verdächtig vor. Erst nachdem unser Verhältnis zu Hans Moser zerbröckelt war, haben wir uns die Frage gestellt, ob überhaupt etwas von dem stimmt, was er uns erzählt hatte.

Wir sind später, als wir bereits auf Mallorca lebten, einmal kurz nach Ibiza rübergeflogen. Wir sollten dort Hans und Sarah treffen. Dann hieß es plötzlich, sie sei verhindert und wolle nachkommen. Kurz vor unserer Begegnung soll sie angerufen haben. Sie käme nicht weg, wegen des Studiums und eines Examens. Hans Moser hatte immer eine Ausrede parat, warum wir Sarah Young nicht sehen konnten.

Was ist Hans Moser für ein Mensch? Das fragten wir uns damals auch schon. Und ließen uns täuschen von einer freundlichen Fassade. Hans Moser ist relativ klein, etwa 1,70 Meter groß. Er hat grau melierte, kurze Haare und einen grauen Vollbart. Er wirkt sympathisch. Dennoch hasse ich ihn heute. Ich hasse ihn über alles.

Hans Moser ist an die 60 Jahre alt, führt ein gutes Leben, wirkt wohlgenährt und hat wache Augen. Seine Finca hatte einen Swimmingpool und eine Obstplantage nebendran. Es gab auch ein Studio und ein Büro. Im Haus standen wunderschöne spanische Möbel. Da steckte einiges Geld drin. Auch auf Ibiza soll er ein aufwändiges Anwesen bewohnt haben. Das lag auf einem Berg, den er angeblich Moserberg nannte.

Hans Moser ließ zwei Darsteller einfliegen. Conny Dax und Karim. Wir fingen an zu drehen. Rohmaterial, um meine Kameratauglichkeit zu testen. Wir drehten an einer Düne am Strand. Ich liege da im Sand rum und werde von zwei Typen angeschwätzt. Ich lasse mich auf die Kerle ein, und dann wird gepoppt. In allen möglichen Stellungen. Sogar DP.

Das heißt Double Penetration. Einer fickt mich anal, der andere fickt mich vaginal. Ein Sandwich. Das sind ziemlich viele Beine, aber es geht. Es war mein erster Pornodreh mit zwei Männern. Er hat mir gefallen. Das merkt man mir auf dem Video auch an.

Noch bevor wir wieder abreisten und nach einem Gespräch mit Hans Moser stand für mich fest: Ich will Pornostar werden. Er hatte mich restlos davon überzeugt, dass er mich genauso groß rausbringen würde wie einst Teresa und Sarah. Er versprach mir die Nummer eins der Pornobranche zu werden. Mit allem Luxus und aller Medienpräsenz, die man sich vorstellen kann. Ich war davon überzeugt, dass er das kann. Er hatte uns eingewickelt.

Ich glaube, schon damals, als er uns auf Mallorca den Honig ums Maul schmierte, steckten ganz andere Motive hinter seinen Versprechungen.

Eine Woche nach unserer Rückkehr nach Deutschland kam ein Vertrag von Hans. Unser Fehler war, dass wir uns nicht mit einem Anwalt berieten. Dieses Versäumnis hat uns später sehr viel Angst gemacht. Denn es gab darin eine Klausel, die festsetzte, dass ich im Falle eines Vertragsbruchs eine Strafe von 50.000 Mark hätte zahlen müssen. Und es wurde darin vereinbart, dass ich mich einer Brustoperation unterziehen müsse. Noch auf Mallorca sagte Hans Moser ganz klar: »Deine Brüste müssen medientauglich gemacht werden.«

Ich sprach mit Axel ausgiebig über diese Operation. Meine Brüste waren nicht schlecht. Sie waren aber unterschiedlich groß. Die linke größer als die rechte. Ich wusste, mit zunehmenden Alter würde die Erdanziehungskraft gnadenlos auf die Dinger einwirken.

Moser meinte, sie müssten korrigiert und vergrößert werden. Das gehörte sich so für einen Pornostar. Wenn man die Frauen im Pornobusiness sieht, muss man zugeben, dass Moser recht hatte.

Ich muss sagen, ich bereue nicht, dass ich mich zu dieser Operation entschlossen habe. Ich würde es jederzeit wieder tun. Auch, wenn ich nie Pornos gedreht hätte. Denn mit dieser Brust bin ich sehr glücklich.

Moser hat uns vier Wochen Bedenkzeit eingeräumt. Anfang April entschieden wir uns dafür. Er bezahlte die 15.000 Mark für die Operation und empfahl uns den Arzt: Dr. Thomas Jansen, Schönheitschirurg in Hamburg-Pöseldorf.

Dr. Jansen hat auch die Brüste von Helen Duval gemacht. Auch Sarah Young ist bei ihm gewesen. Ich habe sie gesehen und meiner Meinung nach sind sie sehr gut geworden. Zwar viel zu groß für ihre zierliche Figur, aber gut.

Ich wollte keine Supermelonen haben. Als Operations-Termin wurde der erste Juni festgesetzt.

Ich hatte natürlich Angst. Ich habe oft gesagt, so etwas würde ich nie tun. Aber mein Wille, eine berühmte Pornodarstellerin zu werden, hat mich umgestimmt. Ich wollte keine durchschnittliche Pornomieze werden, die von Produktion zu Produktion hetzt. Und ich sagte mir, das ist der Preis. Dafür lasse ich mir eben die Brüste operieren.

Wir waren uns einig, nach Mallorca zu ziehen. Denn das war eine Voraussetzung für die Zusammenarbeit mit Hans Moser. Sämtliche Produktionen sollten auf Mallorca stattfinden. Das hieß für uns, Deutschland zu verlassen. Da ging der Stress schon los.

Wir mussten beide ganz schnell unsere Jobs kündigen und um Verkürzung der Kündigungsfristen ringen. Im Krankenhaus konnte ich nicht die Wahrheit sagen. Ich erzählte, Axel hätte einen tollen Job auf Mallorca angeboten bekommen, und ich würde dort als Fotomodell arbeiten. Ich traute mich einfach nicht, die Wahrheit zu sagen.

Wir hatten eine fröhliche Abschiedsparty auf der letzten Etage. Meine Pflegedienstleitung wollte mich aber nicht vor Ablauf der Kündigungsfrist ziehen lassen und bat mich, noch einen Monat zu bleiben und dann meinem Mann hinterher zu fliegen. Ich konnte ihr ja nicht sagen, dass ich am ersten Juni operiert und dann Pornos drehen würde.

Irgendwie habe ich mich damit rausgewunden, ich hätte sonst doppelte Mietkosten, hier und auf Mallorca. So hatte ich am 31. Mai meinen letzten Arbeitstag.

Jeder wird sich wahrscheinlich nun fragen, wie ich so leichtfertig meine Existenz aufgeben konnte. Wie ich mich so blauäugig auf die Versprechungen eines Pornoproduzenten verlassen konnte?

Aber ich hatte Lust auf etwas anderes. Meine Vorfreude war größer als die Liebe zu meinem Job. Größer als die Befriedigung aus meiner Arbeit mit den Kindern. Ich habe zehn Jahre lang meine Beziehung nebenher geführt, hatte so wenig Zeit, die ich mit meinem Mann verbringen konnte. Und da gab es noch die Verlockung, meine Leidenschaft vor den Kameras auszuleben.

Dass Axel immer dabei sein sollte, war meine wichtigste Bedingung für die geplante Zusammenarbeit mit Hans Moser. Er hatte nach außen hin gar kein Problem damit. Im Gegenteil. Es hieß: »Umso besser. Dann brauche ich mich nicht um dich zu kümmern, wenn du jemanden zum Anlehnen brauchst.«

Wir kündigten unsere Jobs, verkauften unser Auto und suchten einen Nachmieter für unsere Wohnung. Wir lebten die letzten vier Wochen nur noch auf und aus Kartons, weil wir alle Möbel verschenkt oder verkauft hatten.

Im April kamen unsere Eltern zu Besuch.

Damals haben meine Eltern bereits gewusst, dass wir Swinger-Clubs besuchten, ein ausschweifendes Sexualleben praktizierten und gerne neue Erfahrungen sammeln.

Die Erinnerung an den Moment, als meine Mutter damals weinend am Telefon war, nachdem sie mich in meinem ersten Porno gesehen hatte, steckte mir damals wie ein dicker Kloß im Hals. Ich konnte damals nichts mehr sagen. Auch mir waren die Tränen in die Augen geschossen. Ich selbst war mindestens so geschockt gewesen wie meine Mutter.

Wir haben damals meine Eltern beruhigt und ihnen gesagt, dieser Amateurfilm sei nun mal eine fixe Idee von uns gewesen. Wir wollten das einfach nur mal ausprobieren, es würde nicht wieder vorkommen. All das, was man so sagt, wenn man Eltern beruhigen will.

In Wahrheit waren wir zu dieser Zeit schon ziemlich drin im Thema Porno. Das war auf Dauer auch nicht mehr zu verheimlichen, und wir wollten es auch nicht mehr verstecken.

Meine Eltern haben sich mit dem Leben, das ich führe, inzwischen arrangiert. Ja, ich denke sogar, dass sie stolz auf mich sind. Vielleicht, weil ich ihnen vermitteln konnte, dass ich das, was ich tue, aus Leidenschaft mache.

Meine Großeltern habe ähnlich reagiert wie meine Eltern, als sie das mit dem Pornodreh erfuhren. Nach einer Schrecksekunde trat Ernüchterung ein.

Als dann das Interesse der Medien kam, haben sie jeden meiner Schritte in der Öffentlichkeit verfolgt und jedes Mal meiner Mama gemeldet, wenn sie mich im Fernsehen oder in der Zeitung gesehen haben.

Eine schöne Geschichte werde ich nicht vergessen. Meine Mama hat sie mir erzählt. Sie ereignete sich, als meine Omi zum letzten Mal ins Krankenhaus eingeliefert wurde.

Täglich kamen Pfleger ins Zimmer und machten die Betten. Und weil die Herren an diesem Tag offenbar sehr gut gelaunt waren, haben sie sich in Anwesenheit meiner Omi angeregt unterhalten. Es ging um dies und das, und auf einmal fiel beim Leintuchspannen der Name »Gina Wild«. Das war das Stichwort, das meine Omi aufhorchen ließ. Offensichtlich waren die beiden große Fans von mir. Sie kannten mich aus dem Fernsehen.

»Was für eine tolle Frau. Die würde ich gerne mal kennen lernen«, sagte der eine. Da muss meine Omi innerlich gegrinst haben. Und irgendwie kam sie mit den beiden ins Gespräch.

»Ja, ist ein nettes Mädchen, diese Gina Wild«, sagte sie.

Da dürften die beiden ganz schön geglotzt haben. Die alte Dame wird doch wohl keine Pornos gucken, haben die sich wohl gedacht und sich dabei stumm angesehen.

»Ich kenne die junge Frau schon ein paar Jahre.«

Da waren sie komplett baff.

»Wie ...?«

»Die Gina Wild ist mein Enkelkind.«

»Ja, sicher, alles klar ...«

»Nein, wirklich. Die Gina Wild ist meine Michaela.«

Omi hat meine Mama angerufen, sobald die Pfleger wieder aus dem Zimmer raus waren. Sie bat um unterschriebene Autogrammkarten von mir. Die hat sie dann den Herren in die Hand gedrückt.

Es stand also fest, dass wir nach Mallorca gehen, und dass ich Pornos drehen würde. Ich bin mit meinem Papa spazieren gegangen. Zu ihm hatte ich schon immer einen speziellen Draht. Mit ihm konnte ich immer über alles reden. Er ist sehr verständnisvoll und hat ein offenes Ohr für mich.

Ich habe in unserem Gespräch so behutsam wie möglich angetestet, wie er unsere Pläne beurteilt. Ich habe ihm erzählt, dass ich das Angebot bekommen hätte eine sehr erfolgreiche Darstellerin zu werden. Dass ich berühmt werden möchte, dass wir nach Mallorca gehen, und dass ich Pornos drehen werde.

Und dass ich unbedingt möchte, dass sich meine Eltern keine Sorgen machten, denn der Mann, zu dem wir gingen, ist der beste von allen.

Dann hat mein Vater etwas gesagt, das ich klasse fand: »Ist mir völlig egal, was du machst, Mädel. Mach's mit Niveau und verändere dich nicht. Wir können dich sowieso nicht festbinden. Außerdem bist du erwachsen genug, um für deine Entscheidungen gerade zu stehen. Mach es mit dem Ehrgeiz, den ich von dir kenne und sieh zu, dass du gutes Geld damit verdienst.«

Diese Hürde hatte ich genommen. Und mein Papa hat mir versprochen, mit meiner Mama zu reden. Frauen tun sich mit dem Thema Porno ein bisschen schwerer.

Sie hat natürlich nicht gejubelt. Aber im Prinzip hatte sie dieselbe Einstellung wie mein Vater, der übrigens noch etwas Interessantes sagte: »Das war doch nur eine Frage der Zeit, bis ihr damit kamt. Wir haben darauf gewartet. Das ist doch wie eine Sucht ...« Da hatte mein Papa wohl recht.

Es ist auch wundervoll, Aufmerksamkeit zu bekommen. Auch das ist eine Sucht. Nach der Premiere von »Planet der Affen« im letzten Sommer 2001 am Potsdamer Platz war ich in jeder Berliner Zeitung. Ich habe für den kurzen Weg über den roten Teppich fast 30 Minuten gebraucht, weil alle fotografiert haben und mit mir ein Interview führen wollten. Ich war bei Premiere World, Pro7, Sat.1 und RTL. Sogar die konservative Berliner Zeitung hat über meinen Auftritt geschrieben – und mir gefällt das.

XIII Lehrgeld: Ausgezogen bis aufs letzte Hemd

Alles war vorbereitet, wir hatten drei Kubikmeter unseres wichtigsten Besitzes per Spedition nach Mallorca geschickt. Am 1. Juni reiste ich nach Hamburg in die Pöseldorfer Klinik, wo mir meine Brüste vergrößert werden sollten. Axel wohnte in einer Pension in der Nähe.

Die Operation war für den nächsten Tag geplant. In der Nacht zuvor habe ich gut geschlafen weil ich eine Schlaftablette bekam. Ich hatte Angst, obwohl ich ein sehr langes Aufklärungsgespräch mit dem Chirurgen hinter mir hatte und bestens vorbereitet war. Er hat mich seiner Frau vorgestellt, die zugleich seine Anästhesistin ist.

Wir haben über die Größe meiner Brüste gesprochen und waren uns einig, dass sie zu meinen Proportionen passen sollen. Ich wollte schließlich nicht wie eine Karikatur durch die Gegend rennen.

Um sechs Uhr morgens wurde ich von der Nachtschwester geweckt. Sie hat mich oben herum rasiert, gewaschen und mit gefärbtem Cutasept eingerieben, damit man sieht, welche Bereiche desinfiziert sind.

Ich setzte eine OP-Haube auf, zog einen grünen Baumwollkittel an und bekam eine Tablette. Schlaftrunken schlurfte ich auf meinen Pantoffeln in den Operationssaal.

Ich legte mich auf die vorbereitete Liege und bekam eine Kanüle in den linken Arm gesteckt. Ich weiß noch, wie die Anästhesistin hinter mir stand und meine Stirn massierte. Dann war ich weg. Dämmernarkose.

Als ich aufwachte, wunderte ich mich, weil ich doch gerade erst eingeschlafen war. Ich lag im Bett und musste unbedingt pinkeln. Aber ich kam nicht hoch.

Das Gewicht der Brüste drückte mich runter.

Ich sah nach unten. Ich sah nur Brust. Mit einem Druckverband umwickelt. Meine Brüste waren extrem geschwollen. Sie sahen fürchterlich aus. Wie Mutantenbrüste. Es dauert normalerweise bis zu einem Jahr, bis operierte Brüste ihre normale Form finden.

Ich kam also nicht hoch. Da habe ich die Schwester gerufen, die mich raushob. Ich hatte 325 Gramm in jede Seite reinbekommen. Insgesamt 650 Gramm. Alles drückte und zwickte. Ich kam mir vor wie ein Monster.

Das Ärgste war, als Axel bei der Tür reinkam und mich sah.

»Mein Gott! Der hat dich verhunzt ... Du bist verunstaltet für dein Leben ... Ich muss unbedingt den Arzt sprechen!«

Axel war geschockt. Ich auch. Ich hatte ja null Vorstellung, wie man danach aussieht. Dann ist Dr. Jansen gekommen und beschwichtigte uns: »Jetzt beruhigen Sie sich mal. Das wird schon. Das ist eine Schwellung vom Eingriff. Die muss jetzt abklingen.«

Ein Tag später, als er den Verband abmachte, war die Brust grün, blau, dick und hart. Dr. Jansen kontrollierte die Fäden. Er war zufrieden. Dann wurde ich entlassen. Am 3. Juni flogen wir nach Mallorca.

Ursprünglich war geplant gewesen, dass wir auf Mosers Finca wohnen. Doch auf einmal war das aus ungenannten Gründen nicht möglich. Hans Moser hatte uns dafür in ein Appartementhaus in Palma eingebucht.

Die Wohnung war schön und hatte einen wunderbaren Blick aufs Meer. 14 Tage blieben wir dort. Wir lebten uns ein, sprachen über unseren Vertrag, und ich leistete meine Unterschrift.

Damals wussten wir nicht, dass ein Vertrag, in dem steht, dass ich Pornofilme drehen muss, sittenwidrig ist. Ich habe mich aber exklusiv verpflichtet, für Hans Moser genau das zu tun.

Die Tage vergingen, ohne dass etwas geschah. Ich konnte mit den Fäden ja auch noch nicht arbeiten. Wir trafen zwischenzeitlich einen Freund von Hans. Rainer, ein reicher Lebemann. Inzwischen ist er auch ein Freund von uns. Rainer besitzt eine 17 Meter lange Segelyacht. Mit der segelt er die klassischen Routen um die Balearen: Ibiza, Menorca, Mallorca, Alicante. Er nahm uns mit.

Und wir besichtigten die Produktionsfirma von Hans Moser. Ein kleines Büro mitten in Palma. Von dort wurden die Filme und Magazine von Sarah Young vertrieben. Moser Grupo Media – MGM hieß die Firma.

Nach zehn Tagen flog ich wieder nach Hamburg, die Fäden ziehen lassen. Gleich danach sollte ich auf Drängen Mosers anfangen zu arbeiten. Wir haben fotografiert. Zuerst bin ich von Hamburg nach Ibiza zurückgeflogen und habe Hans dort getroffen. Wir haben sexy Klamotten eingekauft und sind zu den Schauplätzen der Aufnahmen gefahren. Wasserfälle, Strände, Olivenhaine. Ibiza bietet tolle Locations. Ich war nackt oder hatte transparente Teile an.

In diesen Tagen geschah ein Vorfall, der mir Hinweis genug hätte sein können auf die wahre Natur von Hans Moser. Er war mit meiner Ausstrahlung, mit der Art, wie ich mit der Kamera umging, nicht zufrieden.

»Du musst lockerer werden, mehr Sex versprühen. Du musst die Kamera anmachen, dass sie einen Ständer kriegt«, befahl er mir.

Wie aber, wenn man nicht weiß, wie das geht? Keiner hat mir das beigebracht. Für den normalen Hausgebrauch fand ich mich sexy genug. Als Pornodarstellerin war ich noch Amateur.

Und Hans Moser hat mich ins offene Meer geschickt. Da sollte ich auf einen Felsen in der Brandung klettern. Vom Strand aus wollte er Aufnahmen machen, wie ich mich ganz lasziv auf diesem Felsen räkle. Der lag aber 50 Meter weit draußen. Ich musste hinschwimmen.

Der Fels war scharfkantig und nass. Dazu kam ein extremer Wellengang, sodass ich mich überhaupt nicht halten konnte. Ich wurde runtergespült und habe mir im wahrsten Sinn des Wortes den Arsch aufgerissen. Die ganze rechte Backe war blutig. Ich hatte Schmerzen, die Schnauze voll und habe mich geweigert weiterzumachen. Wieder an Land zurückgekehrt, zickte Moser rum und verhielt sich mir gegenüber ausgesprochen unwirsch.

Am Abend, als ich meinen Stütz-BH auszog, bemerkte ich, dass die Operationsnarbe unter der linken Brust aufgegangen war. Deswegen habe ich an dieser Stelle heute eine Wulst. Da war Blut am BH. Die Wulst wird mich immer an diesen Albtraum erinnern.

Da dämmerte uns allmählich, was mit Hans Moser los war. Immerhin hatte mir der Arzt erst mal drei Wochen Ruhe verordnet. Keine Anstrengung, keine Sonne, damit so etwas nicht passiert. Und Hans Moser hat mich 14 Tage nach der Operation in die Wellen geschickt. Wenn ich daran zurückdenke, erschrecke ich heute noch, wie verblendet ich war.

Es folgten weitere Shootings auf Mallorca. All das, was ich hier erzähle, hat sich innerhalb von vier Wochen abgespielt. In diesem Zeitraum sind sehr viele Foto-Storys entstanden.

Für Werbung in den Magazinen haben wir unzählige Fotos gemacht. Wir sprachen auch über einen Künstlernamen. Jeder Pornostar hat einen Künstlernamen. Moser meinte, er hätte bereits einen gefunden. Den wollte er mir aber noch nicht verraten. Erst dann, wenn wir damit an die Presse gehen

Das fand ich ziemlich merkwürdig. Ich habe bis heute nicht erfahren, welchen Namen Pornomacher Hans Moser sich für mich ausgedacht hat. Der Name Gina Wild wurde erst nach unserer Trennung von Moser erfunden.

Nach zwanzig Tagen kam das Wohnungs-Problem auf.

Wir haben Hans Moser Bescheid gegeben. Da wurde er ziemlich komisch. Er sagte: »Tut mir Leid, in meiner Finca könnt ihr nicht wohnen. Ihr müsst euch ein Hotelzimmer suchen.«

Nach 20 Tagen in unserem Appartement haben wir uns also ein Hotelzimmer gesucht und uns gleichzeitig auf Wohnungssuche gemacht. Eine ernüchternde Erfahrung.

Denn auf Mallorca eine Existenz aufzubauen, ist etwas ganz anderes als dort Urlaub zu machen. Wehe, du musst dich selber durchboxen. Du kriegst die schrecklichsten Wohnungen zu sehen. Du hast mit Behörden zu tun, die dich nicht mögen und ignorieren. Sie wollen dich einfach nicht verstehen, insbesondere Deutsche.

Was uns auf dieser Wohnungssuche angeboten wurde, war indiskutabel. Die Objekte waren entweder schweineteuer oder so versifft, dass man schon beim Hingucken die Krätze kriegte.

Wir hatten noch 11.000 Mark am Konto, als wir aus Deutschland weggingen. Aber wir rechneten mit Geld von Hans – das nie kam. Besichtigten weiter Küchen mit verrosteten, verschimmelten Kühlschränken und verklebten Herden. Im Badezimmer stand noch der Zahnputzbecher mit drei Bürsten und am Spiegel klebte die Zahnpasta verteilt. Das war unsere Perspektive.

Wir fragten Hans, wie es weitergehen solle. Er sagte, er könne uns nicht helfen, hat uns aber dann bei der Wohnungssuche unterstützt. Wir gingen regelmäßig abends mit ihm essen. Da wussten wir schon, dass er ein Hysteriker ist. Insbesondere dann, wenn nicht alles nach seinem Willen läuft.

Wenigstens haben Axel und ich uns gegenseitig unterstützt. Wir fanden eine Wohnung. In einem Haus, das noch im Bau stand. Es sollte in drei Wochen fertig sein. Wir mussten eine Kaution von ungefähr 2500 Mark hinterlegen. Dann kam die Frage auf: »Wo wohnen wir so lange?«

Hans kam uns in dieser Angelegenheit überhaupt nicht entgegen. Was ich auch noch unfair fand: Hans Moser hatte keinen Führerschein, besaß aber einen Firmenwagen. Einen Ford Kombi. Den hat er uns nicht zur Verfügung gestellt. Wir mussten Unsummen für Taxifahrten ausgeben. Somit war unser Bankrott vorprogrammiert. Aber da hofften wir noch immer auf das Geld, das am Monatsende kommen sollte.

Wir vertrauten ihm noch. Er gab uns das Gefühl, dass alles gut würde. Und wir fanden es ja sehr spannend, in einem fremden Land zu leben. Wir waren glücklich, in so eine schöne Gegend ausgewandert zu sein.

Wir fanden ein Hotelzimmer. Es war dreckig, ungefähr 30 Quadratmeter groß. Direkt an einer Hauptstraße in einem Hochhaus ohne Klimaanlage. In diesem Moment haben wir endgültig begriffen, dass mit Unterstützung von Hans Moser nicht zu rechnen war.

Es war niederschmetternd. Wir rafften uns immer wieder auf und redeten uns ein, das wird schon, wenn erst mal der erste Film produziert ist und auf den Messen beworben wird. Dann wird auch meine Popularität steigen. Und wir werden ein Häuschen auf Mallorca haben und ganz toll leben.

Aber es war schrecklich, wie uns das Geld zwischen den Fingern zerrann. Und all das passierte bei einer unerträglichen Hitze. Axel war schon frühmorgens nassgeschwitzt, wenn er ins Büro ging. Das Hotel musste bezahlt werden – 100 Mark am Tag. Selbst Wäsche waschen war ein Problem. Die ganze Schmutzwäsche hat tagelang bei 30 Grad herumgelegen und roch widerlich.

Eine Visagistin bot uns an, bei sich zu Hause die Wäsche zu waschen. Nass hat sie unsere Sachen wieder zurückgebracht. Wir haben kaum etwas gegessen, weil das Geld weg war. Morgens einen Kaffee und ein Croissant und dann vielleicht noch eine Kleinigkeit während des Tages. Ich habe noch mal zwei Kilo abgenommen. Unter anderen Umständen wäre ich erfreut gewesen. Jetzt machte ich mir Sorgen.

Ich glaube, Hans hat das alles so geplant. Aber er war dabei immer sehr nett. Wir dachten, das ist halt seine Art. Wir hatten auch schöne Momente miteinander, in denen wir viel gelacht haben. Und immer noch lud er uns das eine oder andere mal großzügig zum Essen ein.

Doch wie ich es heute sehe, war alles nur ein gemeiner Plan. Das ganze Blabla, mich zum Star aufzubauen, war ein Bluff.

Wir hatten mit Hans Moser schon einiges abgedreht, da ließ er einen jungen US-Darsteller einfliegen. Ein traumhaft schöner Mann. Muskulös, braun gebrannt, blaue Augen, edles Gesicht. Er hieß Jason. Aber er hat nicht funktioniert. Er hat seinen Schwanz nicht hochgekriegt.

Es war das erste Mal für ihn. Hans wollte ihn ausprobieren. Hans wollte ein männliches Pendant zu mir schaffen und ihn zum zweiten Rocco Siffredi aufbauen. Aber poor little Jason hat keinen hochgekriegt. Es kann sein, dass es am kalten Wasser im Swimmingpool gelegen hat, wo wir drehten.

Moser hatte auch einen schottischen Kameramann engagiert. Kurz bevor uns endgültig der Kragen platzte. Wir planten ein Shooting für Hardcore-Aufnahmen. Fotos mit Dildo. Axel wurde gebeten nicht mitzukommen, mit der Begründung, im Büro seien wichtige Arbeiten zu erledigen. Wir wollten keinen Stress machen und willigten ausnahmsweise ein.

Der Schotte war ein dicker, fetter, ekelhafter Typ. Ich nannte ihn Pinky, weil er wie ein Schweinchen aussah. Er war Mitte 40. Ein schmieriger Kerl mit schmuddeligem T-Shirt, Schlabberhose und verklebten langen Haaren.

Ich sollte mit Pinky einen Tag lang in seinem riesigen Van umherfahren und Fotos machen. Der Wagen war ein gewaltiges Fahrzeug. Groß wie ein Wohnmobil. Wir gurkten über die Insel und machten unseren Job. Selbstbefriedigung in der Natur. Dann fing dieser Mensch damit an, zweideutige Bemerkungen fallen zu lassen. Als wir wieder auf dem Rückweg waren, und ich mich anziehen wollte, meinte er zu mir: »Du kannst auch ruhig ganz nackt im Auto sitzen, das stört mich überhaupt nicht ...«

Ich sagte ihm: »Das läuft bei mir nicht.«

Das war ihm egal. Er schlug vor, ich könnte mich zurücklehnen und schön an meiner Pussy rumschmieren – für ihn privat. Der Typ war wirklich widerlich. Ich habe abgelehnt. Dann kam eine Bemerkung, die mich schockte: »Also, wenn du Pornostar werden willst, dann gehört so was aber dazu. Damit musst du dich abfinden.«

Ich war nur noch froh, als ich aus dem Auto wieder raus war. In diese Situation kam ich bis zu meinem Ausstieg aus der Pornobranche immer wieder. Ich schätze, das ist wohl so üblich. Nachdem mir schon öfters nahegelegt wurde, ein bisschen netter zu den Leuten zu sein, kann ich mir vorstellen, dass die Männer mit dieser Masche erfolgreich sind. Mir tun die Mädchen Leid, die sich ihrer Karriere zuliebe darauf einlassen. Die ficken mit dem Produzenten, weil sie meinen, dadurch einen Vorteil zu haben.

Zu Hause habe ich Axel diesen Vorfall erzählt. Er ist natürlich aus allen Wolken gefallen. Er ist explodiert und fuhr Hans an: »So läuft das hier nicht!«

Hans meinte nur: »Es war ja nur ein Versuch. Michaela kann ja nein sagen. Sie ist schließlich alt genug dafür.«

Uns dämmerte, dass langsam alles zu entgleisen drohte. Wir waren total entkräftet und lebten in diesem grausamen Hotel. Auf einer Produktion trafen wir einen deutschen Fotografen. Kurt aus Bayern. Ein quirliger Gelegenheitsknipser, der sich mit Krimskrams über Wasser hielt. Er hatte von Hans die Möglichkeit bekommen, Foto-Storys auf seiner Finca zu schießen.

Kurt war ein kleiner Typ, der das erste Mal in seinem Leben Hardcore-Fotos machen sollte. Das hat man leider gemerkt. Beim Fotografieren bekam er nämlich eine Latte. Er trug nur Boxer-Shorts, und sein Schwanz hing ihm an der Seite raus. Ich sagte: »Kurt, du alte Sau. Was geht denn da bei dir ab?«

Es war ihm peinlich. Dabei war und ist Kurt harmlos.

»Entschuldige. Das ist mein erstes Mal. Es lässt mich nicht kalt, dich so zu sehen.«

Kurt hat uns später geholfen. Denn es kamen immer noch keine Termine für Auftritte und Messen. Nichts. Was uns außerdem komisch vorkam, war, dass Sarah Young nie auftauchte. Moser hat immer so getan, als ob er mit ihr telefoniert hätte und sie uns liebe Grüße ausrichten lasse. Ganz komische Dinge liefen da ab.

Einmal fiel uns in einer Büropause gegenüber in einer Cantina auf, dass Hans total abwesend war, mit seinen Gedanken ganz woanders. Da hat Axel mich angestoßen und ich sah Hans, wie er versteinert und ganz weggetreten herum saß. Wir hatten den Eindruck, dass er große Sorgen hatte. Aber nach außen hin blieb er cool, hatte alles im Griff. Wie sich nachher herausstellte, plagten ihn schwere finanzielle Probleme.

Dann kam der Tropfen, der das Fass zum Überlaufen brachte und uns dazu bewog, Mallorca fluchtartig zu verlassen. Es war in der letzten Juniwoche. Ich schlenderte mit Axel an der Promenade von Palma entlang. Da klingelte unser Handy und Hans war dran. Er sagte wörtlich:

»Die Michaela hat morgen um zehn Uhr bei Rainer am Boot zu erscheinen.«

Dort wollte er eine Szene drehen. Axel war sauer über den Ton: »Wie bitte?«

Und Hans wiederholte herrisch seine Forderung. Aber so ließ sich Axel nicht abwimmeln: »Gut, dann sind WIR morgen um zehn beim Boot.«

Hans: »Nein! Du nicht. Nur Michaela. Du kommst nicht mit.«

»Moment mal. Das entspricht nicht unserer Abmachung!«

Da kam die fadenscheinige Ausrede, es wäre nicht genug Platz am Boot. Das Boot sei voll. Da flippte Axel komplett aus: »Michaela erscheint nicht. Eher hast du eine Erscheinung.«

Axel legte auf.

Mit dieser Antwort hat Axel den Schlussstrich gezogen. Für uns stand ganz klar fest: Wir sind nicht auseinander zu reißen. Denn auch das war wohl von Hans Moser so geplant.

Auf gewisse Weise sind Axel und ich sehr berechenbar. Hans Moser wusste ganz genau, sobald er Axel verbietet mitzukommen, würden wir querschießen. Er wollte uns elegant abservieren. Somit hatten wir den Vertrag gebrochen. Ich war ja nicht zum Dreh erschienen.

Am Tag drauf klingelte unser Telefon. Hans war dran und meinte ganz freundlich: »Wir sollten uns unterhalten. Michaela hat meinen Dreh platzen lassen. Aufgrund eurer Haltung gehe ich davon aus, dass es zu keiner weiteren Zusammenarbeit kommt. Wir haben ja einen Vertrag. Da steht drin, wenn ihr vertragsbrüchig werdet, habt ihr eine gewisse Summe an mich zu bezahlen.«

Damit setzte er uns voll unter Druck. Wir bekamen höllische Angst. Wir hatten ohnehin kein Geld mehr. Es gab einen Termin bei Hans Moser. Eine Sekretärin protokollierte das Gespräch. Wir sollten eine Adresse hinterlassen, wo wir zu erreichen seien. Unser Hab und Gut bleibe solange in der Verwahrung von Hans Moser.

Wir überlegten, was wir machen könnten. Auf Mallorca bleiben und andere Jobs suchen oder zurück nach Hause? Wir konnten kein Spanisch, waren mittellos und frustriert. Ich hätte höchstens in einer Bar oder im Puff arbeiten können. Was für eine absurde Idee ...

Die letzten drei Tage verbrachten wir mit Kurt. Er unterstützte uns mit Geld. Ich war auf 46 Kilo runter und voller Sorgen und Ängste. Kurt erzählte uns von jemandem, der im Yachthafen ein Boot mit einer Bar liegen hätte, wo Männer nett umsorgt werden. Er bot an, dass er für mich dort wegen eines Jobs anfragen könnte. Aber das war nicht meine Vorstellung. Ich als Prostituierte? Undenkbar. Und Axel wollte das auch nicht.

Kurt schlief in einer Pension nahe am Flughafen. Dort zogen wir hin. Ein Zimmer kostete 25 Mark. Es war wie im Knast. Ich habe jeden Abend erst mal die Betten nach Krabbeltieren abgesucht. Das Zimmerchen war etwa zwei mal drei Meter groß. Und wenn man das Fenster aufmachte, glaubte man, die Düsenjets wären direkt im Landeanflug auf unser Waschbecken. Alles wackelte und bebte.

An unserem letzten Tag auf Mallorca habe ich zum ersten Mal die Nerven verloren. Ich stand unter der Dusche und der Vorhang war voller Schimmel.

Ich hab die Dusche aufgedreht. Es kam nur kalt oder heiß raus. Abwechselnd. Es war plötzlich so brennheiß, dass ich mich fürchterlich erschrak und aus Panik den ganzen Vorhang herunterriss. Ich war so gefrustet, dass ich den Duschkopf durch das Bad schleuderte und brüllte wie am Spieß.

Ich konnte aber nicht weinen. Es ging nicht. Das konnte ich erst wieder in Deutschland. Axel kam ins Bad und ich sagte: »Ich halte es nicht mehr aus. Ich schaffe das nicht mehr.«

Axel war auch mies drauf. Wenn wir mit unseren Eltern telefonierten, haben wir den schönen Schein gewahrt. Wir waren einfach zu stolz um zuzugeben, dass alles schief lief. Wir hatten Angst davor, dass die Leute mit den Fingern auf uns zeigen und uns auslachen würden. Einige daheim hatten uns genau davor gewarnt, was nun passierte. Gute Freunde von uns, die Hans Moser kannten, hatten uns zur Vorsicht ermahnt. Aber wir hatten ja unbedingt groß rauskommen wollen.

Nach diesem Vorfall war uns klar: Es hat keinen Sinn mehr. Wir fliegen nach Hause. Kurt brachte uns zum Flughafen. Wir hatten ein Stand-By-Ticket für 99 Mark pro Person. Das konnten wir so eben noch bezahlen. Eine Nacht mussten wir noch am Flughafen verbringen.

Axel hat von dort Dubravko angerufen, einen ehemaligen Arbeitskollegen von Camel Bags. Der wollte uns sogar in Mallorca abholen. Gerührt lehnten wir ab. Dann saßen wir im Flieger. Ich kann mich daran erinnern, dass Axel sagte:

»Hoffentlich stürzt die Maschine jetzt ab, und alles ist vorbei.«

XIV Am Boden: Der Tiefpunkt meiner Karriere

Wir kamen um elf Uhr nachts an. Als wir aus der Luft die leuchtende Skyline von Frankfurt sahen, drückten wir uns ganz fest. Endlich wieder zu Hause. Wir waren mit unserem Freund Dubi am Flughafen verabredet. Als er uns sah, musste er weinen, weil wir so elend aussahen. Er nahm uns mit zu sich nach Hause. Da wussten wir, was es heißt, wahre Freunde zu haben.

Wir haben in den folgenden Wochen bei Dubi und seiner Frau Andrea gewohnt.

Erleichterung, Angst und Scham haben sich in diesen Tagen vermischt.

Dubi wohnt in Obertshausen. Da gibt es einen exzellenten Italiener. »Michelangelo«. Das war unser Stammrestaurant. Der Besitzer, Pino und sein Mitarbeiter Giovanni waren unsere dicken Freunde. Dort haben wir vor unserem Mallorca-Abenteuer Abschied gefeiert. Das erste, was Axel im Auto von Dubi sagte, war: »Bitte fahr uns zu Michelangelo. Ich will unbedingt Spaghetti mit Gorgonzolasoße essen. Wir hatten Tage nichts Vernünftiges mehr.«

Das ganze Personal von »Michelangelo« saß nach der Arbeit beisammen. Wir kamen um die Ecke. Die waren total geschockt, sind aufgesprungen und haben uns in die Arme genommen. Auch sie hatten Tränen in den Augen, weil wir so fertig aussahen.

»Was ist denn passiert?«

Sie wussten, weshalb wir nach Mallorca gegangen waren. Dann haben sie für uns gekocht. Beim Essen haben wir alles erzählt.

Die Leute aus dem »Michelangelo«, Dubi, Andrea und unsere Eltern sind durch diese Zeit die wichtigsten Menschen in unserem Leben geworden, weil sie uns bedingungslos unterstützten.

Wir haben im »Michelangelo« gegessen und durften kein Geld zahlen. Die haben uns durchgefüttert. Das werde ich nie vergessen.

1. Juli 1999. Zurück in Frankfurt. Es war Sommer, leicht bewölkt, eine angenehme Temperatur. Alle sprachen Deutsch, wir kannten die Umgebung und zahlten mit der guten alten D-Mark. Dann habe ich am nächsten Morgen meine Mutter angerufen.

»Wie geht's euch denn, wo seid ihr denn?«, wollte Mama von uns wissen.

Ich sagte: »Mutti, es hat nicht so hingehauen, wie wir wollten. Wir sind mächtig verarscht worden.«

»Und wie geht's jetzt weiter?«

Mama wollte, dass wir nach Hause kommen. Aber wir haben entschieden, nicht nach Eschweiler zurückzukehren, denn dort hätten wir keine Gelegenheit gehabt, uns wieder aufzurappeln. Wir haben gedacht, in Frankfurt gibt es viel mehr Möglichkeiten. Das haben meine Eltern auch verstanden.

Ich hatte noch immer meine geschwollene Brust. Allen ist das aufgefallen. Einem ganz besonders.

Wir haben nach der Rückkehr viele Leuten besucht, um zu sagen, dass wir wieder da sind. Unter anderem auch im Fitness-Studio, wo wir immer trainiert hatten. Ich hatte einen Personal Trainer, Gerd. Toller Mann, schon um die 60. Als er mich in den Arm nahm, hat der mich sofort wieder weggeschoben, mich angeblickt und gesagt: »Irgendwas ist anders bei dir ...«

Alle haben uns mit offenen Armen empfangen. Auch trainieren konnten wir erst mal umsonst. Allerdings haben wir nur wenigen Leuten unsere wahre Geschichte erzählt. Später, als ich wieder unter Vertrag war, wurde von meiner neuen Produktionsfirma eine falsche Version meiner Entdeckung verbreitet, die unser bewusst herbeigeführtes Scheitern vertuschen sollte. Die alte Weisheit stimmt natürlich: Eine Krähe hackt der anderen kein Auge aus.

Wir versuchten wieder Fuß zu fassen. Auf der Bank hatten wir noch ungefähr tausend Mark. Drei Tage, nachdem wir in Deutschland gelandet sind, wurden wir beide krank. Axel besonders. Er hatte eine eitrige Angina und konnte keinen Ton mehr rausbringen. Fieber schüttelte ihn. Bei mir war es nicht so schlimm. Wir waren nicht krankenversichert, hatten alles gekündigt und wollten auf Mallorca neue Verträge schließen. Da es Axel sehr schlecht ging, musste ich mich überwinden und bin auf meine alte Krankenstation gegangen und bettelte meine Ex-Kollegen um Medikamente an.

Die Scham einzugestehen, das wir einen großen Fehler gemacht hatten, war nicht leicht zu ertragen. Wir haben ja einen Monat vorher noch groß getönt: Mallorca! Sonne! Strand! Geld!

Dann kam ich da an. Die haben mich zuerst gar nicht erkannt. Ich habe allen erzählt, dass wir übers Ohr gehauen wurden, dass wir nicht versichert sind und kaum mehr Geld hätten. Ich fragte, ob sie mir ein bisschen Antibiotika mitgeben könnten. Sie deckten mich mit allem Nötigen ein.

Man kann sich nicht vorstellen, wie sehr ich mich schämte. Es gab ein großes Umarmen, Entsetzen, und immer wieder die Frage: »Wie ist das denn passiert? Kommt ihr wieder zurück?« Dann bin ich wieder nach Hause und habe mich um Axel gekümmert.

Meine Stationsschwester Michaela borgte mir für vier Wochen ihr Auto. Einen Renault Clio. Sie verreiste in den Urlaub und konnte den Wagen entbehren. Es kam so viel Liebe in dieser Zeit und Hilfsbereitschaft, dass ich heute noch gerührt bin, wenn ich darüber nachdenke.

Für Axel und mich stand fest, dass wir nicht mehr in unsere alten Jobs zurückgehen würden. Wir wollten unseren großen Traum trotz allem nicht aufgeben. Wir stellten einen Antrag auf Arbeitslosengeld.

Ich glaube, wir haben dem zuständigen Beamten Leid getan. Er bekam durchgeboxt, dass wir sofort Unterstützung erhielten. Das waren etwa 3000 Mark für uns beide.

Anfang September bezogen wir eine Wohnung in Mainhausen. Wir zogen ins Dachgeschoss eines Zweifamilienhauses. Auto hatten wir keines, bis der Autohändler in Mühlheim, bei dem wir unseren letzten Audi gekauft hatten, uns einen A3-Mietwagen zu extrem günstigen Konditionen anbot. Wir zahlten 500 Mark im Monat. Da merkt man, dass man Freunde hat.

Wenn es eine Geschichte gibt, die unsere Situation in aller Kürze auf den Punkt bringt, dann diese: Sie trug sich zu im HL-Markt von Mainhausen. Es war im September. Ich hatte zehn Mark in der Tasche. Und habe meinen Einkauf, Artikel für Artikel im Kopf zusammengerechnet. Milch, Brot und andere Lebensmittel. Ich stehe an der Kasse, die Dame dahinter tippt und tippt und sagt: »Zehn Mark einundfünfzig.«

Ich muss sie völlig entsetzt angesehen haben. Das konnte doch nicht stimmen. Ich bat: »Gucken Sie bitte noch mal nach. Das kann nicht sein. Da müssen neun Mark und ein paar Pfennige rauskommen.«

Und es stimmte! Die Kassenfrau entschuldigte sich mehrmals. Es war ihr peinlich. Mir auch. Es war mir peinlich, dass ich auf ein paar Pfennigen rumreiten musste.

XV Die Kämpferin: Die Geburt von Gina Wild

So gut es ging versuchten wir, uns wieder eine notdürftige Existenz aufzubauen. Wir nahmen jeden Gelegenheitsjob an. Axel organisierte für einen erfolgreichen Freund dessen Umzug. Und ich modelte, war fast jede Woche Fotomodell für die Zeitschrift Coupé. Zu den Themen »Liebestipps und Tricks«, »Stellungen«, »Anleitung zur Verführung«, »Ich hatte Sex mit drei Frauen« und solchen Kram. Und ich wurde zum Foto-Shooting für einen Hersteller mobiler Toilettenanlagen engagiert. Das brachte uns 1000 Mark. Von dem Geld kauften wir uns gebrauchte Möbel.

Allmählich wuchs unsere Hoffnung, dass wir es schaffen würden. Wir waren überzeugt, wir kriegen das wieder hin. Wir besorgten uns Schritt für Schritt einen gebrauchten Fernseher, einen Video-Recorder, ein eigenes Bett und Hausrat.

Im Oktober 1998 kam der Kontakt zur Firma Videorama zustande. Wir lernten im Swinger-Club Isabell Golden kennen, eine Darstellerin von »Videorama«, und ihren Mann Klaus Goldberg. Er ist ihr Manager. Und wir unterhielten uns über Hans Moser.

»Videorama« ist die Tochterfirma eines Filmkopierwerks in Essen. Zu der Firmengruppe gehören der Verlag »Silwa«, in dem unter anderem »Happy Weekend« erscheint, das Kontaktmagazin, in dem wir die Anzeige für unseren ersten Film gefunden hatten. Goldberg schoss nebenbei Standfotos an den Filmsets und fotografierte für »Happy Weekend« Swingerpärchen, Sexspielzeug und ähnliche Motive. Er sagte uns: »Wenn ihr in der Szene weitermachen wollt, kann ich den Kontakt zu ›Videorama‹ herstellen.« So hörten wir von Harry S. Morgan. Hinter diesem weltläufig klingendem Pseudonym verbirgt sich ein erfolgreicher Produzent und Regisseur von »Videorama«. Morgan leitet Produktionen wie »Teeny Exzesse«, »Excuse Me« und die Amateurserie »Happy Video Privat«.

Morgan rief uns an, wollte uns treffen. Ende Oktober fuhren wir nach Essen. Wir schilderten ihm unsere Vorstellungen und erzählten ihm die Moser-Story. Ich hatte ja noch immer das Ziel vor Augen, exklusiv für eine Firma zu arbeiten und die Nummer eins zu werden. Denn: Nur wenn man einen Exklusivvertrag hat, wird Geld für Marketing locker gemacht. Für Pappaufsteller, Autogrammkarten, Messepräsentationen. Man wird zu seinem eigenen Label gemacht. Wer von Firma zu Firma tingelt, wird lange nicht so massiv unterstützt.

Harry reagierte positiv: »Du gefällst mir sehr gut. Du bist der Typ, aus dem man was machen kann. Du bist intelligent und eine Deutsche.«

Letzteres ist wichtig für Interviews. Denn es ist manchmal sehr abtörnend, wenn die Mädels keine zwei geraden Sätze rauskriegen.

Im November nahmen wir intensive Vertragsgespräche auf. Dann entwarfen wir eine klare Strategie. Und wir beschäftigten uns tagelang damit, welchen Namen wir für mich wählen sollen.

Wir wälzten Telefonbücher und suchten Namen, die gut klingen. Ich bin Deutsche, also sollte es auch ein deutscher Name sein. Aber deutsche Namen klingen oft wie eingeschlafene Füße. Susi Sunkist, Hildegard Sommer. Völlig ohne Klang und Geschichte. Wir kamen auf Gina Wild.

Zuerst meinte ich, Tina wäre auch schön. Tina Wild. Er meinte, Tina lässt sich nicht so schön schreiben wie Gina. Man muss ja an alles denken. Und Gina kann man schön geschwungen auf Fotos malen. Wild hat mir von Anfang an gut gefallen. Und Axel sagte, man kann damit sehr viele Wortspiele treiben. Das war die Geburt von Gina Wild. Eine Telefongeburt.

Verträge konnten noch nicht gemacht werden. Denn wir mussten zuerst wissen, wie es mit Hans Moser weitergehen sollte. Unser Hab und Gut lag schließlich noch bei ihm. Bilder, Geschirr, Bettwäsche, Handtücher, CDs. Viele Sachen, an denen wir hingen.

Noch bevor wir bei »Videorama« vorstellig wurden, hatten wir uns bei Hans Moser gemeldet. Aber er rief nie zurück. Dann hat uns »Videorama« angeboten, den Kontakt mit ihm aufzunehmen und die Verhandlungen zu führen.

Das Kapitel Hans Moser – es war noch nicht geschlossen. Dieser Mensch sollte uns weiterhin beschäftigen. Selbst zum Schluss unseres Aufenthalts auf Mallorca, als Hans Moser sehen konnte, wissen musste, wie dreckig es uns ging, hat er versucht uns fertig zu machen. Bei unserem letzten Treffen in seinem Büro, hat er uns zum Abschied die Rechnung für das Appartement präsentiert.

»Die habt ihr bitte noch zu bezahlen.«

Es waren ungefähr noch 1800 Mark, die offen waren. Axel hat die Rechnung eingesteckt und sie draußen auf der Straße zerrissen. Wie kann man nur so niederträchtig sein?

»Videorama« nahm die Verbindung mit Hans Moser auf. Und er schickte ein Fax, das ich zur Mahnung für mich selbst aufgehoben habe. Darin steht geschrieben, dass er sich bereit erklärt, unseren Vertrag zu vernichten – ein Zugeständnis, das keines war, denn Moser wusste sehr wohl, dass die Vereinbarung zum Pornodrehen ohnehin sittenwidrig war. Dennoch machte er die Vernichtung des Vertrags von der Bedingung abhängig, dass wir ihm die Kosten für meine Brustoperation zurückerstatten sollten. Die 15.000 Mark wollte er zurückhaben. Und unser Eigentum bis zur Rückzahlung einbehalten. Wir hatten das Geld nicht. »Videorama« erklärte sich bereit, die Kosten zu übernehmen. So bekamen wir unser Hab und Gut zurück.

Es war ein komisches Gefühl, als der Lkw bei uns vor dem Haus hielt und unsere Sachen aus Mallorca ausgeladen wurden. Sie rochen schlecht. Ich packte jedes einzelne Teil mit Sorgfalt aus. Und es wurde allmählich wieder wohnlich bei uns.

Wir waren glücklich über jeden Koch- und Spaghetti-Löffel gewesen, den wir von unseren Eltern und Freunden geborgt bekommen hatten. Jetzt war jeder Teller, jedes Glas für unseren Haushalt ein Schritt zurück ins normale Leben hinein.

Ich erzähle das hier nicht, um Mitleid zu wecken, sondern um darzustellen, wie sehr eine starke Traumvorstellung uns daran hinderte, vernünftig vorzugehen. Was wir taten, war gegen alle Vernunft. Ich bin mir allerdings nicht sicher, ob es auch sinnlos war.

Denn je weiter ich die Ereignisse hinter mir lasse, umso mehr spüre ich, dass ich ohne diese Situation nie dorthin gekommen wäre, wo ich heute bin. Unser Reinfall mit Hans Moser hatte vielleicht auch seine Vorteile. Lehrgeld, gewissermaßen.

Drei Wochen, nachdem wir nach Deutschland zurückgekehrt waren, besuchten wir unsere Freunde Uwe und

Hilde aus Alsdorf. Da begann ich zum ersten Mal innerlich das Vergangene zu verarbeiten.

Wir ließen alles Revue passieren. Uwe und Hilde wollten die ganze Geschichte hören. Dann ist es aus mir rausgebrochen. Ich zog mich ins Schlafzimmer zurück und bekam einen Heulkrampf. Ich heulte Rotz und Wasser. Ich glaube da ging auf einmal eine Sperre auf. Es dauerte stundenlang. Ich konnte nicht mehr aufhören. Axel versuchte, mich zu trösten. Danach ging es mir besser. Ich jammerte alles aus mir heraus. So habe ich mich selber noch nie erlebt. Aber ich habe mich nicht geschämt. Seit diesem Abend kann ich viel leichter über diese Ereignisse reden.

Eines Tages beschlossen wir, uns mal wieder so richtig auszutoben. Wir fuhren in den Pärchenclub nach Erkrath. Ein Paar fiel uns gleich auf, als wir an der Theke saßen. Sie kamen nach uns herein. Wir erfuhren später, dass auch sie uns bemerkt hatten und sich einig waren: »Oh, die beiden sehen aber toll aus. Endlich mal ein hübsches Pärchen.«

Es waren Anja und Uwe. Sie sind seit zwei Jahren verheiratet. Anja ist so groß wie ich, ist schlank, hat schulterlange gelockte braune Haare und einen tollen Busen. Natur. Sie ist süß und lieb, eine Schmusekatze mit braunen Augen.

Uwe ist ein paar Jahre älter als Anja. So um die 40, sieht aber jünger aus. Er ist 1,80 Meter groß, hat einen guten Körper, aber nicht trainiert, und kurze braune Haare. Beide sind irrsinnig verliebt ineinander. Das merkt man daran, wie sie miteinander umgehen. Und sie sind sexuell extrem aktiv.

Als wir sie im Club kennen lernten, hatten sie gerade damit angefangen zu swingen. Anja und Uwe machen auch nur was mit Pärchen, die sie beide attraktiv finden.

Wir haben uns den ganzen Abend über nicht angesprochen. Immer nur umkreist, nur mal geguckt. Einmal sind sie hochgegangen zum Vögeln. Wir haben den ganzen Abend an der Theke verbracht und mit dem Clubbesitzer über Mallorca gequatscht.

Dann gingen wir in die Umkleide. Dort fasste sich Anja ein Herz und sagte zu uns: »Wollt ihr schon gehen?«

Da meinten wir: »Wir haben keine Lust mehr. Da hängen ja nur uninteressante Leute rum. Bis auf euch. Wir haben keine Lust was anzufangen, und alle anderen dackeln dann hinterher.«

Da zogen wir uns an und sind auf den Parkplatz raus. Wir plauderten ein wenig darüber, wie lange wir das schon machen, wie lange wir uns kannten, ob wir verheiratet sind und so, ganz allgemeine Dinge. Da platzte es Axel auf einmal raus: »Wollen wir noch lange reden oder endlich zu euch fahren?«

Dia Antwort kam prompt: »Tolle Idee. Fahrt uns hinterher.«

Wir haben was getrunken. Anja sollte an diesem Abend die erste Erfahrung mit einer Frau machen – mit mir. Sie war scharf, das spürte ich deutlich. Aber sie traute sich nicht.

Ich wollte sie jedoch unbedingt haben. Es sah so aus, als ob ich den ersten Schritt tun müsste. Na gut. Ich sagte ihr, sie solle sich zu mir setzen. Wir haben uns aus Verlegenheit erst mal Fotos angesehen. Ich machte ihr Komplimente, kraulte ihren Nacken. Das genoss sie sehr. Wir saßen auf einem Zweiersofa. Uwe und Axel saßen gegenüber.

Dann streichelte ich sie. Immer tiefer den Rücken runter. Ich merkte, wie sie es genoss, dass es ihr gefiel. Dann zog ich sie aus, küsste sie. Wir blieben im Wohnzimmer.

Die Herren blickten stumm. Das ist ja wie Pornogucken. Natürlich wächst da was zwischen den Beinen, aber sie haben die Hosen schön angelassen.

Ich leckte sie, brachte sie langsam zum Orgasmus. Es war wie mit Karin – mit einem Unterschied: Diesmal war ich die Lehrerin. Und sie meine Schülerin.

Uwe und Anja treffen wir immer noch regelmäßig. Es entwickelte sich eine Freundschaft, die über die Bettkante hinausgeht. Wir fuhren auch gemeinsam mit dem Wohnwagen nach Holland. Uwe und Anja sind begeisterte Surfer. Und abends ging in ihrem Wagen die Post ab. Das war ein großer Wohnwagen. Aber auch in einem kleinen hätten wir unseren Spaß gehabt. Es geht alles, sogar in der kleinsten Kammer, wie Boris Becker in einem Pilotprojekt bewiesen hat.

Unsere Zusammenarbeit mit »Videorama« nahm konkrete Züge an. Wir bastelten an einer Marketing-Strategie. Zuerst ging es um eine glaubwürdige Story, die erklären sollte, wie Gina Wild entdeckt wurde. Die Leute von »Videorama« waren der Meinung, wir sollten die Hans Moser-Geschichte nicht an die große Glocke hängen.

Damals machte ich mir keine Gedanken über diesen Standpunkt. Heute kenne ich die Hintergründe: Man wollte den Ruf der gesamten Branche schützen. Und dann durfte der Kollege auf Mallorca eben nicht so dastehen, wie er sich tatsächlich verhalten hatte.

Wir dachten uns also aus, ich müsste bei »Happy Weekend« eine Misswahl gewinnen. Der Jahreswechsel 1998/1999 stand bevor. Eine gute Gelegenheit. Das Titelgirl für die Januarausgabe 1999 sollte unter den Leserinnen ausgewählt werden. Selbstverständlich würde das Ergebnis schon vorher feststehen: Ich musste ja »entdeckt« werden.

Die offizielle Version von »Videorama« las sich also folgendermaßen: Axel habe Fotos von mir zu diesem Wettbewerb geschickt. Die wurden allerdings in Wahrheit von einem professionellen Fotografen für »Happy Weekend« gemacht. Dann wurde verbreitet, ich wäre durch den Sieg bei dieser Wahl dem berühmten Pornoproduzenten Harry S. Morgan aufgefallen, und – schwupps – war ein neues Pornosternchen aus der Taufe gehoben.

Ich hatte zwar schon längst im November einen Pornofilm gedreht. Aber egal, das wusste kein Mensch. Gina Wild wurde offiziell im Januar 1999 entdeckt.

Der Filmdreh im November war mein erster Einsatz als professionelle Pornodarstellerin. Er dauerte fünf Tage lang. Schauplatz war Paris. Was einen ungewöhnlich großen Aufwand für einen Porno bedeutet. Wir brauchten auch deshalb so lange, weil parallel zum Dreh Fotos zur Bewerbung des Films in Magazinen produziert wurden.

Man muss dabei eines wissen: Die Hardcore-Branche arbeitet mittlerweile fast ausschließlich mit Abonnements. Es wurden in der Folge nur Abo-Pakete verkauft, die einen Film mit Gina Wild beinhalteten. Und nur vier Gina Wild-Filme wurden pro Jahr produziert, um das Interesse der Leute auf einem hohen Niveau zu halten. Wir wollten, dass die Leute nach mir lechzten. Und das funktionierte. Es gab immer einen »Superfilm des Monats«. Und alle drei Monate war dieser Superfilm der neue Gina Wild-Film.

XVI Der Shooting Star: Bekannt aus Film und Fernsehen

Im Februar 2000 ging das Geschäft mit den Autogrammstunden los. Am 15. Januar 1999 trat Gina Wild zum ersten Mal an die große Öffentlichkeit – bei Bärbel Schäfer. Anlass war meine Coverstory in »Happy Weekend«. Auf dem Titel stand: Michaela hat die Wahl des »Happy Weekend«-Titels gewonnen. Im Innenteil gab es einen Bericht, dass ich eine neue Entdeckung sei und in Zukunft unter dem Künstlername Gina Wild Pornofilme drehen würde.

Bei Bärbel Schäfer in der Sendung zu sein, war der reine Horror. Seitdem bin ich eine unversöhnliche Feindin aller täglichen Talkshows. Das Thema bei Bärbel Schäfer hieß: »Ich kriege jeden rum«. Ich trat als neue Pornotusse auf. Super aufgestylt, tolle Figur, Riesentitten, enges pinkfarbenes Kleidchen. Ich präsentierte mich als neue Pornodarstellerin von »Videorama« und behauptete, dass ich durch mein Aussehen jeden Typen verführen könne.

Die Sendung war unsäglich. Ich habe den Verdacht, dass Typen aus dem Publikum bezahlt wurden, um mich zu beleidigen. Einer zog einen Geldschein aus der Tasche und rief mir zu: »Hier hast du 50 Mark. Was machen wir nachher noch?«

Von Andreas Türck über Arabella Kiesbauer bis zu Sabrina Staubitz wollten mich später alle haben. Aber bis heute war ich nie wieder bei einer Daily Talkshow.

Am 15. Februar kam mein erster Film auf den Markt. »Gina Wild – Jetzt wird's schmutzig, Teil 1«. Das ist der teuerste Film, den »Videorama« jemals mit mir gemacht hat. Riesige Aufmachung, aufwändige Location, Szenen in der Stretchlimousine, in einer Prachtwohnung mit Wintergarten, im Badezimmer mit Whirlpool. Der zweite Film wurde dann – wegen der Kosten – in einem Studio in Dortmund produziert. Aber man muss ja erst mal protzen.

Ich gefiel mir in diesem ersten Film überhaupt nicht. Ich war noch zu unsicher. Es fehlte mir das Selbstbewusstsein. Ich überließ noch alles dem Regisseur. Er präsentierte mich viel zu aufgebrezelt. Meine ganze Natürlichkeit war weg. Ich war zu madame-artig. Dabei bin ich natürlich, sexy, jung und frech. Das Gesamt-Ergebnis dieses Drehs halte ich trotzdem für gelungen.

Die Handlung ist natürlich überschaubar: Ich bin im Film die gelangweilte Frau eines Millionärs in Paris und vertreibe mir die Zeit bei einem Foto-Shooting, das mein Mann für mich arrangiert hat.

Ich komme dorthin, aber der Fotograf ist nicht da. Außer mir wartet noch ein männliches Model, das ebenfalls den Fotografen vermisst. Das war Omar, ein Schwarzer, manchen Leuten bekannt als »Big Willy«. Man muss nicht lange raten, warum er diesen Namen abgekriegt hat. Omar hat echt einen big Willy. Den größten Schwanz, den ich je gesehen habe. Es gibt ein Bild von uns, auf dem er mich von hinten nimmt. Es sieht so aus, als ob er mich mit dem Arm ficken würde, so gewaltig ist dieser Schwanz.

Ich stehe auf Sex mit schwarzen Männern, denn ich finde den Kontrast sehr sexy. Meine weiße Haut, meine blonden Haare und dann ein schwarzer, attraktiver Mann.

Harry S. Morgan hat ein exzellentes Händchen für gute Szenen. Die dauern nicht zu lange, es gibt kein ewiges Geblase, bis es mal losgeht. Wenige Stellungswechsel, ausgiebige Ficks. Und was ich besonders gut finde, ist, dass er nicht immer ins Gesicht spritzen lässt.

Wenn Männer sich bei einem Porno einen runterholen wollen, ist es langweilig, wenn immer nur Gesichtsszenen zu sehen sind. Es gibt welche, die stehen drauf, wenn mal auf den Arsch gespritzt wird, mal auf die Möse, mal auf die Titten. Man muss Abwechslung bieten. Was Neues kann man natürlich kaum noch erfinden. Aber man muss die ganze Palette draufhaben.

Von diesem Film gefällt mir die letzte Szene am besten. Die ja auch Axel damals beim Dreh so scharf gemacht hatte: wie ich im Spinnenbody von zwölf Männern angewichst werde. Ich denke, die Szene hat Pornogeschichte geschrieben.

Ich würde gerne mal wissen, was in den Köpfen der Leute vorgeht, die mich kennen und dann einen Film von mir sehen. Fragen die sich, was ich beim Sex vor der Kamera empfinde? Und wie ich zu diesen Männern stehe, die mich ficken?

Über das Problem mit den männlichen Darstellern im Pornogeschäft habe ich bereits berichtet. Es gibt zu wenige gute Männer in der Szene. An einen erinnere ich mich gerne, weil er ein exzellenter Kollege war.

Er heißt Conny Dax und ist immer noch sehr erfolgreich. Wir verstanden uns gut. Einer seiner Vorteile ist, dass er Deutscher ist. Die meisten, mit denen ich arbeitete, waren Franzosen, und mein Französisch – und damit meine ich meine Sprachkenntnisse – ist leider nicht sehr gut. Conny ist lustig, wir lachten sehr viel beim Drehen. Man konnte gute Dialoge mit ihm führen. Das erleichtert die Zusammenarbeit. Und er hat auch seinen Schwanz unter Kontrolle.

Das ist wichtig. Professionelle Pornodarsteller sind in der Lage zu bestimmen, wann sie kommen. Wenn es sein muss, zählen die sogar laut rückwärts dabei. Die sind auf Wunsch immer hart. Ich habe kein einziges Mal erlebt, dass es ein professioneller Pornodarsteller nicht gebracht hätte. Du machst denen die Hose auf, und da springt dir der Schwanz schon entgegen. Beim Drehen sind diese Typen fast schon wie Computer. Es gibt welche, denen kannst du sagen: »Fick den Stuhl!«

Und sie ficken den Stuhl.

Die können auch abartige Oma-Filme, Dicken-Filme, Schwangeren-Filme drehen. Filme, bei denen ich das kalte Kotzen kriegen würde. Das machen die. Ich weiß nicht, wie sie das fertig bringen. Also fragte ich Conny einmal: »Wie kriegst du das hin?«

»Ich denke mir ganz einfach, das ist die schönste, tollste, heißeste und geilste Frau. Und manchmal denke ich auch an dich ...«

Conny ist eigentlich recht klein. Vielleicht 1,70 Meter. Er hat einen guten Body, ist trainiert, hat sympathische haselnussbraune Augen, schwarze Haare und wechselt öfter seine Frisur. Seine Augen glänzen immer. Er ist der Spaßmacher am Set. Unser Setclown. Ich habe sehr viele Filme mit ihm gemacht.

Doch so gerne ich ihn als Person hatte, ich hätte gerne mehr andere Männer zum Drehen gehabt. Es ist immer wieder spannend, sexuell etwas Neues kennen zu lernen. Erst mal ist es spannend zu sehen, wie groß der Schwanz eines Mannes ist. Und dann, was er für Praktiken draufhat. Wie ausdauernd er ist. Ob er ein zärtlicher Liebhaber ist. Oder ein Rammler.

Auf Rammler stehe ich nämlich überhaupt nicht. Da entsteht gar kein Gefühl. Nichts. Da werde ich nicht geil. Rein ins Zimmer, raus aus den Klamotten und raufgesetzt – das mag ich nicht. Es muss schon ein schönes Vorspiel geben.

Nur eine Art von Vorspiel finde ich schrecklich: Es ist schlimm, dass es Darsteller gibt, die so genannte »Fluff Girls« brauchen. Das sind Mädchen zum Anblasen.

Es gibt Produktionen, zu denen Mädchen abkommandiert sind, die den Männern den Schwanz hochblasen. In meinen Produktionen brauchte ich die nicht. Das machte ich selber. Das wäre ja noch schöner, wenn ich mir das Tollste an der Arbeit von einer anderen erledigen lasse.

Denn ich blase sehr, sehr gerne. Es war oft so, dass ich von meinem Regisseur einen Anschiss bekam, weil ich weitermachte, während die umgebaut haben. Der hatte Angst, dass Power verloren ging. So bin ich eben. Wenn ich erst mal warmgelaufen bin, bin ich unersättlich. Ich kann es auf den Tod nicht leiden, wenn ich unterbrochen werde. Ich habe mich dann eben lieber beschäftigt, während da umgebaut wurde.

Blasen ist eine der schönsten Sexualpraktiken, die es gibt. Ich finde Blasen toll. Aber man soll entspannt blasen. Ich betrachte den Schwanz als Geschenk. Als süßes kleines Geschenk, mit dem ich spielen kann. Und ich genieße es. Ich blase nicht mit den Zähnen, aber auch nicht mit den Lippen wie eine Oma ohne Gebiss. Man muss ein bisschen saugen, aber nicht zu kräftig. Dazu braucht man sozusagen Lippenspitzengefühl.

Die Zunge ist natürlich auch wichtig. Man geht ja nicht nur rein und raus und hoch und runter, sondern auch mal mit der Zunge am Schaft des Schwanzes entlang und an die Eier. Und man führt den Schwanz ganz tief in den Rachen oder leckt nur vorn an der Eichel. Ob ein Mann das mag oder nicht, hat man schnell raus. Es ist auch wichtig, dass man sich austauscht. Dass man sagt: »Mach weiter so. Oder lass das bitte, das tut weh.«

Axel und die Männer, mit denen ich Sex hatte, behaupten, ich wäre eine begnadete Bläserin. Kein Wunder, ich mache es auch gern. Wenn man Spaß an der Sache hat, ist Blasen überhaupt nicht schwer. Dass ich schlucke, kommt aber ganz selten vor. Und wenn, dann nur von Axel. Und wenn ich nicht ausspucken kann. Zum Beispiel im Auto.

Auf Sado-Maso-Praktiken stehe ich überhaupt nicht. Ich mag keine Schmerzen, auch nicht beim Sex. Es gab mal eine einzige Situation auf einer SM-Messe. Es war in Wiesbaden. Damals besuchte ich einen guten Freund. Enzo, der geht voll auf SM ab.

Damals war ich noch nicht im Hardcore-Business tätig. Enzo überredete mich, an einer SM-Show mitzumachen. Da ging es mit Messern und Kerzenwachs zur Sache. Eine Domina begoss mich mit Wachs und streichelte mich mit einer Klinge. Ich hatte so viel Angst, dass es schon wieder erregend war. Auch dieser leichte Schmerz des heißen Wachses auf meinem Körper erregte mich. Und ich weiß, eine gute Domina, die einerseits bedrohlich, aber andererseits auch sehr liebevoll ist, kann die Gefühle ziemlich durcheinander wirbeln. Dennoch strebe ich es nicht an, gefesselt zu sein und von einer Domina bearbeitet zu werden. Mein Kick ist etwas anderes. Sex in der Öffentlichkeit. Wenn man so will, das einzig wirkliche Ungewöhnliche an meinen Vorlieben.

Es gab eine große Präsentation von meinem ersten Film am 15. Februar im Pärchenclub »Kleeblatt« in Krefeld. Es waren nur geladenen Gäste da. Videothekenbesitzer und Chefs von Sexshops. Die wichtigsten Kunden von »Videorama«, denen ich vorgestellt werden sollte. Es gab einen Striptease, und ich habe mit einem Mädchen eine Lesbennummer abgezogen.

Sie war eine kleine niedliche Blondine. Es war gar nicht abgesprochen, entstand eher aus einer Sektlaune heraus. Ich fing spontan an, sie ein bisschen im Gesicht, über die Haare zu streicheln. Ich hatte mein rosa Kleid an, sie ein schwarzes. Wir streichelten uns an Busen und Bauch. Und wir zogen uns langsam gegenseitig aus. In der Nähe stand eine längliche Bank. Die Sitzfläche war in Bauchhöhe. Da legte ich sie rauf und leckte sie ab.

Dann steckte mir irgendwer einen Dildo zu. Ich bearbeitete die Kleine damit. Vor allen Leuten. Ich war hemmungslos. Das ist ja das, was die Leute zu meinen Autogrammstunden lockte. Es hatte sich rumgesprochen, was einen erwartet.

Ich habe immer alles gegeben. Ich hatte Autogrammstunden in Sexshops und Videotheken, wo ich die Beine breit machte und alles gezeigt habe. Ich habe mich in Wien vom fremden Männern mit einem Dildo ficken lassen.

Die Autogrammstunde in Krefeld war denn auch ein voller Erfolg. Zum Schluss goss ich eine Flasche Schampus über unseren Körpern aus. Das alles war kein sinnloses Rumrammeln, sondern sehr viel Streicheln, Lecken, Küssen. Die Leute sind voll abgefahren darauf. Die waren erstaunt, dass ich so eine geile Sau bin. Die standen mit ihrem Glas in der Hand da und waren sprachlos.

Es ist eben nicht selbstverständlich, dass den Leuten was geboten wird. Die meisten trippeln aufgetakelt zu den Autogrammstunden und spulen ihr Programm ab. Mir ist es wichtig, mich mit den Leuten zu unterhalten, sie zu fragen: Woher kennst du mich? Was machst du? Wie alt bist du?

Mit den Bikern habe ich mich über Motorräder unterhalten, die Frauen habe ich ausgefragt, warum sie zu mir gekommen waren. Ich wollte immer wissen: »Wie findet ihr meine Filme? Soll ich etwas anders machen? Was kann ich besser machen?«

Ich war nicht einer dieser Unterschreibautomaten. Eine Autogrammstunde dauerte bei mir bis zu fünf Stunden. Bis ich völlig am Ende war.

Mein nächster Film kam im Mai und hieß »Jetzt wird's schmutzig, Teil 2 – Ich will kommen«. Im August kam Teil 3 mit dem Untertitel »Orgasmus pur«. Zur Venus im November erschien Teil 4 – »Durchgefickt«. Für diesen Film habe ich wieder mit Omar gedreht.

Da gibt es eine sehr zärtliche Szene, wo man sieht, dass wir beide uns sehr mochten. Wir bemalten uns mit Fingerfarben. Wir umschlangen uns. Diese Szene kommt bei Frauen sehr gut an.

Beim Dreh von »Orgasmus pur« gab es einen Zwischenfall, nachdem Axel und ich abwogen, ob wir das Ganze nicht wieder hinschmeißen sollen.

Harry S. Morgan ist ein schwieriger Mensch. Im Mai 1999 waren wir in Cannes auf dem Pornofilmfestival »Hot d'Or«. Wir waren dort, um mit ein paar exhibitionistischen Spielchen ein bisschen Aufmerksamkeit zu erregen. Wir wollten gucken, wie die Leute auf mich reagieren.

Ein TV-Team von Sat.1 war mit mir unterwegs. Die ganzen geiernden Fotografen, die während der großen Pornomesse immer auf der Croisette herumhängen, sind auf der Suche nach neuen, heißen Girlies uns hinterhergekommen, die haben mich fast tot gequetscht.

Von einer Sekunde auf die andere war ich von einer beängstigenden Schar von Fotografen eingekeilt. Das war hammerscharf. Ich habe mich aus meinem Kleidchen geschält und nackt posiert. Axel musste mich rausziehen. Die hätten mich fast zerrissen.

Wir drehten zum Teil in einer angemieteten Villa. Morgan hatte einen Co-Produzenten dabei, Gabriel Pontello, selber mal Darsteller und eine Zeit lang mit dem italienischen Pornostar Cicciolina liiert. Pontello organisierte immer alles, was in Frankreich gedreht wurde. Er ist über 50 und sehr attraktiv. Ein Frauenheld, mit dem wir uns sehr gut verstanden. Er versuchte immer wieder, mich ins Bett zu kriegen. Aber zum Ficken fand ich ihn zu uninteressant.

Gabriel ist einer von denen, die der Meinung sind, die Mädels im Business sind zum Vögeln da. Es wird Frauen gegeben haben, die ihn darin bestätigten. Insbesondere Mädchen aus dem Osten, die sich dadurch Privilegien erhofften.

Ein Teil des Films wurde auf Ibiza gedreht. »Videorama« hat ein Preisausschreiben veranstaltet für Videotheken-Unternehmer und Sexshop-Besitzer. Die ersten 50 Gewinner dieses Wettbewerbs durften mit auf den Dreh nach Ibiza. Auf Kosten von »Videorama«. Für diese Leute war es etwas Besonderes, hautnah bei einem Dreh dabei zu sein. Eine gute Idee von »Videorama«. Die haben hervorragendes Marketing für mich gemacht.

Ich würde behaupten, »Videorama« und ich schulden uns heute nichts mehr. Ich habe ihnen gute Umsätze gebracht, und sie haben in Werbung für mich investiert. Wir sind quitt.

Aber mit Harry S. Morgan gab es Probleme. Er erinnerte mich immer mehr an Hans Moser. Er hat einen extremen Fetisch, den er immer versuchte an mir auszuleben. Er ist der Macher von sehr erfolgreichen Sado-Maso-Filmen. Er produziert die beliebte Serie »Maximum Perversum«. Das ist SM in Reinkultur. Gummi, Leder, Faustficken, Analsex. Alles sehr extrem.

Ich hatte einmal in dieser Serie eine Gastrolle. Was da abging, war mir eindeutig zu hart. Es war eine Szene mit Leder und einem Umschnall-Dildo. Mit dem vögelte ich ein Mädel, habe sie anal mit dem Umschnall-Dildo genommen, während ich mich gleichzeitig von einem Typen ficken ließ. Das war mir zu heftig, und ich sagte nachher, ich will das nicht mehr. Es entspricht nicht meiner Vorstellung von schönem, geschmeidigem, kuscheligem Sex. Außerdem bin ich zu weich und feminin für solche Szenen.

Aber Morgan hat es immer wieder versucht. Er wollte mich wiederholt zu harten Sachen animieren. Und ich leistete immer Widerstand. Harry S. Morgan hat einen eigenwilligen Stil, besonders vor Publikum. So war es dann auch auf Ibiza. Wir gingen nach einem erfolgreichen Dreh in ein tolles Fischrestaurant in der Nähe des legendären Café del Mar.

Es wurde gut getrunken. Die ganze Truppe saß da. Pontello, sein Assistent, der Kameramann, Axel, ich, Darsteller und Helfer. Insgesamt ungefähr 15 Leute. Morgan hatte bei diesem Trip immer wieder versucht, mich in seinen Bann zu ziehen. Axel war ihm ein Dorn im Auge. Aber er musste ihn akzeptieren, denn »Videorama« wollte mich haben. Und Grundvoraussetzung Nummer eins für jede Zusammenarbeit war, dass Axel mich immer begleitete.

Denn so ein Dreh ist anstrengend. Und ich wollte danach jemanden zum Anlehnen haben. Meinen Mann, der mir Geborgenheit und Liebe gibt. Bei so einer Hitze ist man nach einem Orgasmus ziemlich ausgelaugt. Und Morgan war so anstrengend, hat an den Szenen rumgemeckert: »Das sieht ja Scheiße aus. Du gehst wie ein Bauerntrampel.«

Solche Sachen hat er mir an den Kopf geworfen. Er hat null Respekt vor Frauen. Dann meinte er mir am Abend bei Tisch vor versammelter Mannschaft stecken zu müssen, es gehöre wohl dazu, dass ich auch mal ein bisschen netter zu ihm sei. Und dann sagte er ganz knallhart zu mir: »Ich gebe dir genau zwei Jahre. Wenn du in diesen zwei Jahren nicht guckst, dass du was aus dir machst, und dazu gehört auch ein bisschen Integration, dann sitzt du auf der Straße. Das geht so schnell, dass du die Biege machst. Sieh zu, dass du den Zug nicht verpasst ...«

Da saßen Axel und ich da wie begossene Pudel. Axel kochte innerlich, Ich rechnete damit, dass er Morgan eine scheuern würde, aber ich hielt ihn fest.

Wir wechselten das Thema.

An diesem Abend im Mai, fünf Monate, nachdem ich bei »Videorama« angefangen hatte, überlegten wir, ob wir alles zusammenpacken und abreisen sollen. Aber es gab keinen Ausweg. Ich konnte nicht mehr zurück. Ich war als Gina Wild schon zu weit gegangen. Ich stand in der Öffentlichkeit.

Und es machte mir Spaß. Trotzdem mussten wir jetzt handeln, bevor alles aus dem Ruder lief. Es gab eine Frau im Vertrieb von »Videorama«, die sich zu meiner zweiten Mama entwickelt hatte. Sie hieß Marion.

Ich hatte sie damals auf einem meiner Messeeinsätze kennen gelernt. Da bin ich ihr schon aufgefallen, als sie Pornodarstellerin Monique Couvet betreute.

Marion kümmerte sich auf Ibiza um die Gäste von »Videorama«. Axel erzählte ihr alles. Wie Harry S. Morgan versucht hat, mich anzumachen. Und wie er mit mir vor allen anderen umsprang.

Ich frage mich oft, wie es wohl den anderen Frauen ergeht, die Pornos drehen, aber keinen privilegierten Status genießen wie ich es tat. Die keinen Partner haben, der sie beschützt vor Männern, die sie wie ein Stück Fleisch behandeln. Meistens Mädchen aus den Ländern des ehemaligen Ostblocks. Wenn man sie fragt, was sie sonst machen, sagen sie immer nur: Studieren.

Diese armen Geschöpfe sind daheim steinreich mit dem Geld, das sie hier verdienen. Wenn sie mit 1000 Euro in der Tasche nach Hause kommen, haben die ein Vermögen. Das ist eine verzweifelte Situation. Diesen Frauen fehlt jede Liebe zum Job. Das macht sie fertig.

Ich drehte mal eine Lesbenszene, für meinen siebten Film, den letzten. »In der Hitze der Nacht« hieß er. Es war im Juli 2000. Sie war Ungarin. Mit ihr und einer Banane sollte ich eine Lesbenszene drehen. Sie sollte mich am Tisch verführen, total scharf auf mich sein. Streicheln, Küssen, Lecken. Das typische Programm für eine Lesbenszene. Aber sie hat nichts rübergebracht. Das Funkeln in den Augen, die Geilheit fehlte. Ich habe gesagt, ich kann mit der nicht drehen, ich werde mit der nicht geil.

Ich hoffe, dass ich jetzt die Träume vieler Pornogucker nicht ruiniere. Aber es gibt so viele Mädchen, die machen diesen Job nur wegen des Geldes. Da kommt nichts rüber. Die werden nicht feucht. Darunter habe ich gelitten. Ich wollte immer gute, geile Filme bringen, wo jedem Wichser richtig einer abgeht.

Geilheit zu spielen ist sehr schwierig. Wenn da so eine Trulla auf mich zukommt, die eigentlich gar keinen Bock auf mich hat, ist das die Hölle. Ich habe Morgan gesagt: »Sag der Tante, sie soll sich ein bisschen anstrengen oder ich schmeisse die Szene hin.«

Morgan konnte das vorhandene Material nachher so schneiden, dass wenigstens ein bisschen Geilheit rumkam.

Noch ein Blick hinter die Kulissen, der einem so richtig die Lust am Pornogucken verdirbt und zeigt, wie elendig die Abhängigkeit vom Geldverdienen in diesem Business macht. Einmal war eine Szene mit zwei Männern geplant. Dafür hatte man eine Darstellerin gebucht, die sich fausten lassen sollte. Doch sie wollte nicht.

»Nee, das kann ich nicht. Das tut mir weh.«

»O.k., es gibt zwei Hunderter extra.«

»Naja, dann mach ich's.«

Während des Drehs hatte sie Tränen in den Augen. So sieht die bittere Wahrheit aus.

Nach einigen Erlebnissen dieser Art dachte ich mir, wie lange kannst du das noch mitmachen? Wenn ich bei »Videorama« darauf bestanden hätte, wäre Morgan von meinen Filmen abgezogen worden. Ich hätte einen neuen Regisseur bekommen. Und noch andere Privilegien. Vielleicht sogar mehr Geld.

Gut verdient habe ich erst ab 2000. Nachdem mir die Venus verliehen worden war, die Medien auf mich zugekommen waren und mir die ersten richtigen Spielfilmrollen fürs Fernsehen und Kino angeboten wurden, hatte ich die Möglichkeit bei »Videorama« auf den Tisch zu klopfen.

»Leute, ich will mehr Geld. Wir müssen einen neuen Vertrag schließen. Ich will ein eigenes Auto haben. Mein Marktwert ist gestiegen. Ich will 2000 Mark pro Autogrammstunde haben.«

Und die Videothekaner und Sexshopper haben das anstandslos bezahlt. Ich habe mich von Mitte bis Ende 2000 kaputtgearbeitet und manchmal bis zu 20 Autogrammstunden im Monat gegeben.

Zum Jahreswechsel 1999/2000 kam »Videorama« auf die Idee einen halbstündigen Trailer mit mir zu produzieren. Der kostete im Verkauf ungefähr zehn Mark. Mit Ausschnitten aus den ersten drei Filmen und persönlichen Infos. Der Trailer wurde auf der Venus 1999 angeboten. Und bisher mindestens 60.000 mal verkauft. Ich war nicht am Verkauf beteiligt. Jetzt ist spätestens klar, warum ich »Videorama« nichts mehr schuldig bin.

Wir haben also einen neuen Vertrag geschlossen. Ich bekam einen Audi A3 auf dem fett »Gina Wild« draufstand, sponsored by Videorama. Mit dem bin ich herumgereist. Die Leute auf der Autobahn haben gehupt, sind eine Zeit lang neben mir hergefahren. In einem Auto fuhren Typen, die mich fotografierten. Mir fuhren Leute auf die nächste Raststätte hinterher, wo ich pinkeln wollte, und folgten mir auf die Toilette, um mich um ein Autogramm zu bitten. Das war scharf.

XVII Porno als Leidenschaft: »Macht die auch Programm?«

Es sprach sich rum, wie Gina Wild ihre Autogrammstunden gestaltet. Die Veranstalter haben vorher gefragt: »Macht die denn auch Programm?«

»Macht die Striptease?«

»Zieht die sich aus?«

Axel sagte: »Die macht kein Programm. Aber lasst sie mal kommen, und guckt euch an, was sich da entwickelt.«

Ich habe mir Zeit genommen für die Leute. Und wenn ich Bock hatte, habe ich mir einen aus dem Publikum gekrallt und ihm einen runtergeholt.

Auf vielen Autogrammstunden habe ich Foto-Sessions veranstaltet. Immer schön die Beine breit, Höschen auf die Seite und Möpse gezeigt. Ich setzte mich den Jungs auf den Schoss und ließ mich auf den Arm nehmen. Das habe ich immer machen lassen. Auch Finger reinstecken. Die Typen dafür suchte ich mir ganz gezielt aus. Das ist eine Frage der Sympathie.

In Bochum gibt es einen Sexshop mit Videokabinen und einem großen Kino. Da wurde ein Film von mir präsentiert. Es war 2000, der Film hieß »Gang Bang für Gina«, mein fünfter Film. Ich sagte den Film an. Während er anlief, mischte ich mich unters Publikum und setzte mich einem der Jungs auf den Schoss.

Links und rechts von uns saßen ganz knuffige Typen. Denen ging ich in die Hosen und holte beiden den

Schwanz raus. Ich habe ihnen so richtig schön genüsslich einen gewichst, während sie sich den Film ansahen. Aber nicht bis zum Ende. Ich habe sie nur angewichst. Das hat Spaß gemacht. Die zwei saßen mucksmäuschenstill da. Und rundum haben die Kerle Stielaugen gekriegt.

So was spricht sich rum. Aber ich habe das nicht als Werbegag getan, sondern weil es mir wirklich großen Spaß bringt. Es ist immer schön zu sehen, wie die Männer auf mich abfahren.

Dann stand ich auf, ging und ließ sie einfach sitzen mit ihren steifen Schwänzen. Der Film war zu Ende und die Autogrammstunde begann. Ein süßer Typ stand im Publikum. Ich fragte ihn, ob ihm gefallen hat, was er sah.

»Klar. Wem gefällt das nicht?«

»Hast du eine Latte bekommen?«

»Musst du fühlen«, antwortete er keck.

Da bin ich ihm in die Hose gegangen und habe ihm während der Autogrammstunde mal eben einen runtergeholt.

Wenn einer sich traut, trauen die anderen sich auch. Einige, die unmittelbar um uns herumstanden, holten ihre Schwänze raus und wichsten voll auf mich ab. Ich war in Hockstellung, der Typ ist gestanden. Alles war auf mir drauf.

Ich bin kein Mensch, der immer kommen muss. Ich bin auch nicht in jedem meiner Filme gekommen. Meine Orgasmen waren aber alle echt.

Es machte mich geil, dass sie auf mir abgewichst haben. Manche haben gefilmt oder fotografiert. Ich wollte mich nun selber belohnen. Aber das sollte nicht in aller Öffentlichkeit geschehen. Ich wollte die Kontrolle behalten.

Bei dieser Aktion hatte ich mir die Schwänze ausgesucht, die mir gefielen. Natürlich standen da neben mir noch welche, die nicht so prickelnd waren. Aber ich sage, gleiches Recht für alle. Ich war voll besudelt und meinte: »Jungs, ich muss mal duschen gehen. Ich hoffe es hat euch gefallen. Bis zum nächsten Mal.«

Axel hat von alldem nichts gemerkt. Nur das Getümmel. Er kam mir hinterher und fragte erstaunt: »Wie siehst du denn aus?«

»Ach, ich hatte gerade Bock auf eine Besamungsorgie.«

»Mist. Und ich hab es nicht mitgekriegt!«

Es hätte ihm natürlich sehr gefallen, das zu sehen. Da sagte ich ihm: »Schätzchen, ist ja noch nicht vorbei.«

Dann packte ich mir einen völlig unvorbereiteten Typen, der gerade bei der Türe reingekommen war. Er sah sehr schnuckelig aus und guckte sich gerade die neuen Filme an. Italienischer Typ, gut gewachsen, ca. 1,85 groß, einfach nett. Ich stand bewichst da. Er sagte: »Was ist denn hier passiert?«

»Ich habe gerade eine Autogrammstunde gegeben. Hast echt was verpasst.«

»Das sehe ich.«

Axel ist schon vorgegangen zur Dusche. Ich sagte zu dem Kerl: »Du kriegst jetzt eine Sondervorstellung.«

Ich nahm ihn mit mir in den Aufenthaltsraum. Zu Axel sagte ich: »Mausi, du musst jetzt Schmiere stehen. Ich muss jemandem noch eine Sondervorstellung geben.«

Der arme Junge wusste gar nicht, wie ihm geschah. Das war vielleicht niedlich. Ich machte seine Hose auf und wichste seinen Schwanz steif. Dann zog ich ihm einen Gummi drüber. Und sagte zu ihm: »Du bist zwar zu spät gekommen, aber eigentlich doch nicht.«

Dann habe ich ihn geblasen. Ich ließ mich von hinten vögeln und kurz bevor er kam, drehte ich mich herum und ließ mir auf die Titten wichsen. Leider hat es nicht lange gedauert. Er war zu überspitzt. Wir lagen auf einer

Rundcouch. Der Gang in den Sexshop hätte sich zum ersten Mal so richtig für ihn gelohnt, meinte er dann. Axel fand es auch klasse. Er liebt meine Spontaneität. Er war die ganze Zeit über in der Tür gestanden und hat alles mitbekommen.

Einmal machte ich eine Tour durch den Ruhrpott. Drei Tage lang durch Atlantis-Videotheken mit großem Erwachsenenbereich. Die haben uns angerufen, haben verzweifelt gefragt: »Wo bleibt ihr Leute? Die rennen uns die Bude ein.«

Wir kamen fast nicht rein. Ich schrieb jeweils sechs Stunden. Einmal bis drei Uhr morgens. Doch ich war topfit, hatte einen Adrenalinschub ohne Ende. Aber fünf Minuten, nachdem ich mich ins Auto gesetzt hatte, war ich völlig fertig.

Das letzte Jahr als Gina Wild war es immer so. Da konnte ich auch nicht mehr solch spektakuläre Aktionen liefern wie in Bochum. Blasaktion, Fototermin – das ging nicht mehr. Ich versuchte persönlich zu bleiben, meine Späßchen mit den Jungs zu machen. Es wurde trotzdem immer mehr zur Routine. Aber ein schnelles Foto war immer drin. Mindestens.

XVIII Die Herausforderung: Mein Abschied vom Porno

Ich hatte Lust auf was Neues. Die Welt des Showbusiness glitzerte verführerisch, und ich wollte schauspielerisch was bringen. Nicht auf der Leinwand nur ficken, sondern auch in fremde Charaktere schlüpfen.

Ich hatte mich in den Pornos ausgelebt. Aber mit der Zeit fehlten mir die Herausforderungen. Ich hatte keine Lust mehr, von einer Autogrammstunde zur anderen zu hetzen und mich zu präsentieren. Autogramme schreiben, hie und da ein Foto und alle drei Monate ein Film, in dem ich mich austoben konnte. Darin hatte mein Leben ja im Wesentlichen bestanden.

Streicheln. Küssen. Lecken. Blasen. Und immer die gleichen Männer in den Filmen. Obwohl wir dem Regisseur ständig neue Darsteller vorschlugen, die wir auf Autogrammstunden kennen gelernt hatten. Jungs, von denen wir wussten, dass sie auch mal einen Film drehen wollten. Amateurfilmdarsteller. Clubbekanntschaften, die Lust auf Porno verspürten. Gut aussehende Männer. Frischfleisch, über das sich jede Frau freuen würde, die einen Porno anguckt.

Das wäre besonders nötig. Denn immer höre ich von Frauen, warum sind die Männer in den Filmen so hässlich? Warum sind das immer die gleichen? Rocco Siffredi, Philippe Dean und Conny Dax sind Ausnahmen. Das sind die wenigen Männer, die Frauen feucht werden lassen.

Klar geht es dabei nur ums Äußere. Pornofilme sind nicht dafür da, einen neuen Charakter kennen zu lernen. Es müssen schöne Menschen sein. Doch die meisten Männer erzeugen null Geilheit. Ich hatte die Schnauze voll von dieser begrenzten Auswahl.

Meine Ressourcen waren erschöpft. Meine Grenzen waren erreicht. Ich hätte noch zwei, drei Jahre weiter Porno machen können. Aber ich hätte nichts Neues dabei erlebt.

Schauspielerin zu sein ist etwas völlig anderes. Ich muss ein Drehbuch studieren und habe Texte zu lernen.

Gut, in meinen zwei Pornojahren hat mir das nicht gefehlt. Da wollte ich nur ficken, Spaß haben, meine Möse präsentieren und die Jungs heiß machen. Ich hatte keine anderen Erwartungen an meine Pornos. Aber das war eben ein geiler Ausflug. Sonst nichts.

Es hätte natürlich auch die Möglichkeit gegeben, ins Produzentenfach zu wechseln so wie Teresa Orlowski. Die Möglichkeiten, mit Merchandising Geld zu verdienen, sind auch nicht zu verachten. Und es gab ein Moderationsangebot von Beate Uhse TV. Gina Wild hätte sich distanziert vom aktiven Geschäft und wäre die Repräsentantin ihrer eigenen Marke geworden.

Die dritte Möglichkeit wäre gewesen, zwei Karrieren parallel laufen zu lassen. Gina Wild, die Pornodarstellerin, die gleichzeitig auch in seriösen Filmen mitspielt. Klingt praktisch, ist aber in der Realität nicht zu machen.

Ich habe mich dagegen entschieden, denn ich bin der Ansicht, dass man sich klar auf eine Seite stellen muss. Entweder Porno oder kein Porno.

Eine zweite, nicht ganz unwesentliche Frage musste ich noch klären: Was mache ich ohne meine Fans? Die Bewunderung meines Publikums, die Geilheit der Pornogucker waren für mich ein wesentliches Motiv meiner Arbeit. Was geschieht, wenn das alles wegfällt? Aus dieser Quelle schöpfte ich so viel Kraft und Freude.

Ich erinnere mich noch an eine Episode aus meinen Pornoanfängen.

Die erste Fanpost, die ich Ende 1998 erhielt, kam, klar, von einem Mann. Er schrieb mir einen ganz lieben Fanbrief, in dem stand, wie toll er mich und meine Filme findet. Ich sollte weiter so machen und – eine bescheidene Bitte zum Schluss – ich könnte ihm ja zurückschreiben.

Seine Bilder, die er beigelegt hatte, gefielen mir. Er war darauf zu sehen, immer ganz nackt, mit gutem Body und einem schönem Schwanz. Auch sein Gesicht fand ich anziehend. Es wirkte aufgeschlossen und frech. Er hatte blonde kurze Haare, blaue Augen und eine sehr gepflegte Ausstrahlung. Er war Ende 30. Ich sagte zu Axel: »Der sieht aber nett aus und schreibt liebe Sachen. Den ruf ich mal an.«

Ich wählte seine Nummer.

»Hallo, hier ist Gina Wild, ich habe deine Post bekommen.«

Da war er ganz perplex.

»Das glaube ich nicht. Das ist unmöglich. Das habe ich nicht erwartet.«

Ich sagte: »Mein Mann und ich haben deine Post gesehen. Du gefällst mir ganz gut. Wir würden dich gerne mal näher kennen lernen, lass uns doch ein Treffen ausmachen. Wann kannst du denn?«

»Heute Abend.«

Er kam zu uns. Wir unterhielten uns und tranken Rotwein. Axel und ich waren uns über Blickkontakt einig, dass er uns beiden sympathisch war. Dann habe ich Axel zu verstehen gegeben, ich will euch beide heute Nacht haben, und ergriff die Initiative. Ich ging raus und zog mir schöne Dessous an.

Ich habe den Mann verführt, setzte mich auf ihn und fragte, ob ihm gefällt, was er sieht. Ich fange immer beim T-Shirt an, arbeite mich von oben nach unten durch. Auch diesmal. Es war sensationell. Er zog mich aus, küsste meine Brüste, streichelte mich, seine Küsse wanderten abwärts.

Er zog mir den Slip aus, ich ihm Hose und Unterhose. Dann blies ich ihn. Ich wies ihn an, mich zu lecken. Axel hat sich sehr zurückgehalten. Manche Männer haben ja Probleme, wenn ein zweiter dazukommt. Axel nicht.

Später hat unser Gast erzählt, dass er schon lange mit der Idee spielte, mal in einem Pornofilm mitzumachen. Der Kontakt besteht noch. Es ist nicht so, dass wir uns treffen und uns gleich die Klamotten vom Leib reißen. Wir gehen schön essen, dann ins Kino oder in die Sauna. Man geilt sich auf und fährt dann gemeinsam nach Hause.

Im September 2000 beschloss ich, einen Schluss-Strich zu ziehen. Und sprach Klartext bei »Videorama«: »Ich höre auf!«

»Videorama« versuchte mich noch zu einem letzten Abschlussfilm für die Venus-Messe zu bewegen. Doch ich wollte nicht mehr. Daraufhin beschlossen wir, ein »Best of« von Gina Wild auf der Venus 2000 zu veröffentlichen. Denn die Venus-Gala wollte ich natürlich noch besuchen. Immerhin war ich als beste deutsche Darstellerin nominiert. Und den Preis habe ich mir dann auch noch geholt.

Im November fand die Veranstaltung statt. Der Branche war gerüchtemäßig bereits bekannt, dass ich aufhöre. Ich wollte mich bei allen verabschieden und bedanken. Ich bin rauf auf die Bühne und habe eine kurze Rede gehalten. Ich dankte allen. »Videorama«, den Außendienstmitarbeitern, allen Fans. Ich war tieftraurig. Denn es hatte ja auch viele schöne Dinge in meiner Pornozeit gegeben.

Ich heulte. Die »Videorama«-Leute umringten mich. Ich versuchte allen im persönlichen Gespräch klarzumachen, dass sie mir bitte, bitte nicht böse sein dürften. Und dass es ernst gemeint war, als ich sagte, ich hätte eine schöne Zeit mit ihnen gehabt. Ich mochte die Leute wirklich gern. Fast alle.

Dann feierten wir Party. Ich trug ein schwarzes, langes Kleid. Es war teilweise transparent. Sehr schön, sehr elegant und mit Federn. Ich wusste: Das war der Schlusspunkt.

Ich hatte Angst und fragte mich in den Monaten nach meinem endgültigen Abschied oft: War das der richtige Schritt?

Ich hatte eine sichere Karriere aufgegeben für eine höchst unsichere Zukunft. Doch es blieb dabei. 2000 war für mich das Jahr des Umbruchs. Im Mai 2000 hatte ich meinen letzten Porno gedreht: »In der Hitze der Nacht.« Doch bereits Anfang des Jahres hat sich abgezeichnet, wohin die Reise geht: ins Showbusiness.

Am 30. Januar 2000 war ich zu Gast bei »peep«. Nadja Abd el Farrag, Dieter Bohlens damalige Freundin Naddel, moderierte die Sendung. Am nächsten Tag waren wir morgens im Hotel. Axel las Zeitung.

»Du musst dich jetzt hinsetzen. Hier steht was in der ›Bild‹-Zeitung: Gina Wild wird Naddels Nachfolgerin.«

Da war ich erst mal platt. Ich wusste gar nichts davon. Doch ab diesem Zeitpunkt ging es mit der Bekanntheit von Gina Wild so richtig ab.

Ich war plötzlich Thema für die Boulevardpresse. Das habe ich klar der »Bild«-Inszenierung zu verdanken. Die können einen aufbauen und wieder fallen lassen. Wenn »Bild« etwas schreibt, ist es Thema. »Bild«-Hamburg, die Regionalausgabe des Blattes, hat unter ihren Lesern noch eine TED-Umfrage gemacht, wer »peep« moderieren solle.

Naddel oder Gina? 80 Prozent sollen mit »Gina« geantwortet haben.

Das Ganze war von »Bild« natürlich komplett frei erfunden. Niemals war ich ernsthaft im Gespräch, um »peep« zu moderieren. Doch »MME«, die Produktionsfirma der Sendung, hatte mit mir den neuen »peep«-Opener. Das sind die ersten Sekunden der Sendung, in denen Stimmung gemacht wird. Dabei kam der Kontakt zu Regisseur Marcus Rosenmüller zustande. Er bot mir wenig später zwei Rollen in Spielfilmen an. Eine in »Der tote Taucher im Wald« und eine in »Nick Knatterton«.

Der Regisseur Sönke Wortmann wollte ebenfalls mit mir drehen, er lud mich zur Pressevorführung seines neuen Films »St. Pauli Nacht« ein. Wir verabredeten uns im Sheraton Frankfurt und sind von dort aus weiter gefahren. Ich lernte den wunderbaren Schauspieler Armin Rohde kennen. Wir waren alle gemeinsam trinken. Leider wurde aus dem Filmangebot nichts. Ich war für die Rolle zu alt.

Ich drehte ein Video mit der Gruppe »Goldfinger« zum Song »Counting The Days«. Wim Wenders engagierte mich für das Video zu »Warum werde ich nicht satt?« von den Toten Hosen. Er ermutigte mich, meine neue Karriere weiterzuverfolgen.

Im Februar war ich dann bei Stefan Raabs »TV Total«. Anlass war ein Ausschnitt aus einem Fernsehinterview mit mir. Es ging darin um die Nervosität beim Filmen. Unbefangen wie ich bin, hatte ich in die Kamera gesagt: »Klar, anfangs war ich nervös. Aber irgendwann war das wie weggeblasen ...«

Das gab ein Gelächter. Ich bekam die Auszeichnung »Raab der Woche«.

Dann kam ich zur WDR-Talkshow »Drei nach neun«. Zugleich mit mir war auch der ehemalige Redenschreiber von Willy Brandt eingeladen, und ich fürchtete mich vorher in Grund und Boden. Ich sagte mir, hoffentlich bin ich nicht zu blöd, um gegen den Rest, der da sitzt, zu bestehen. Man denkt immer, die Leute bei diesen Talkshows haben so viel auf dem Kasten, sind so schlau und wortgewandt. So intelligent. Da kann ich nicht mithalten. Axel machte mir Mut: »Sei wie du bist. Sei natürlich.«

Der Redenschreiber sagte nachher zu mir, wenn er nicht wüsste, was ich gemacht hätte, würde ich glatt als Lehrerin durchgehen. So solide habe ich dort gewirkt. Da war ich mächtig stolz.

Ich erfahre immer wieder, dass die Leute von mir ein ganz falsches Bild haben bis zu dem Augenblick, an dem sie mich kennen lernen. Dann bin ich plötzlich nicht mehr die blöde blonde Pornotusse mit den dicken Titten. Er hat mich in den Arm genommen und gedrückt. Ich hatte das Gefühl, dass ich akzeptiert würde.

Im Mai 2001 wurde ich zur »Johannes B. Kerner-Show« eingeladen. Da ging es um meine Entwicklung von der Pornodarstellerin zur Prominenten und Schauspielerin. Ich kannte Kerner schon von den Dreharbeiten von »Der tote Taucher im Wald«. Das eignete sich prima für einen schönen Gag in der Sendung. Ich sagte: »Ich mache demnächst wieder was mit dem Regisseur, mit dem wir beide auch schon zusammen einen Film gedreht haben.« Da hat das Publikum natürlich losgebrüllt. Johannes war sichtlich verlegen.

Jedes Mal vor einer Talkshow geht es mir schlecht. Mir dreht sich der Magen um. Ich habe Angst. Ich denke mir immer, ich muss perfekt sein, muss mich gut verkaufen. Wenn ich dummes Zeug stammle, wird mich nie einer ernst nehmen.

In der Maske bin ich dann unansprechbar. Schlimm ist, wenn man dann als letzter Gast wartet. Wie bei Kerner. Da war ich die Letzte. Die Sendung läuft, alles lacht, hat gute Laune, und du bist gleich dran. Mir wurde heiß und kalt. Dann sitzen die Zuschauer da und starren dich voller Erwartung an. Vor jeder Sendung bin ich total aufgeregt, weil ich nicht weiß, was kommt. Dann, wenn die ersten Minuten gelaufen sind, ist alles in Butter. Dann quassle ich los.

So war es auch beim ersten Mal in der »Harald Schmidt Show«. Ich habe geredet, geredet, geredet. So locker sah das vorher nicht aus. Als Axel mir erzählte, dass ich bei Harald Schmidt eingeladen bin, wurde ich kreidebleich. Ich kannte ihn aus dem Fernsehen, habe ihn oft eingeschaltet und fand, er hätte immer alle Leute zur Sau gemacht. Ich sagte zu Axel: »O Gott, der macht mich fertig, wenn ich da bin. Der putzt mich runter vor allen Leuten.«

Das war mein Eindruck von Harald Schmidt. Ich mochte in nicht besonders. Er war mir nicht sympathisch.

Aber ich habe mir gedacht, Harald Schmidt ist Kult. Wenn ich bei dem auf dem Stuhl sitze, ist das eine Aufwertung für mich. Das war ja bei Kerner auch so. Man muss sich das auf der Zunge zergehen lassen. Ich, ein Ex-Pornostar, beim konservativen ZDF.

Harald Schmidt. Da musst du durch, sagte ich mir. Der Tag rückte näher, und ich wurde immer nervöser. Dann fuhr ich nach Köln. Ich war platt. Die wussten sogar, dass ich sehr gerne Obst esse. Sie stellten mir eine riesige Obstschale hin. Das fand ich bemerkenswert. Der für mich zuständige Redakteur umsorgte mich. Ich saß fertig geschminkt im riesigen Wartezimmer der »Harald Schmidt Show« auf einer gewaltigen, Ledercouch. Getränke, Süßigkeiten und Häppchen standen bereit. Da kam Harald rein.

Erst habe ich keinen Ton rausgekriegt. Er war riesig. Gut 1,90 Meter groß. Im Fernsehen sieht der gar nicht so groß aus. Er kam auch aus der Maske, war stark geschminkt und sagte: »Hallo, ich bin der Harald. Ich freue mich, dass du da bist. Ich habe ein super Gefühl, wir machen das schon.«

Harald Schmidt stand leibhaftig da und sprach zu mir. Ich war immer noch nervös wie eine Fahrschülerin bei der Prüfung. Doch die Sendung lief fantastisch.

Wir spielten uns die Bälle zu. Nach den ersten zwei Sätzen wusste ich, meine Angst war unberechtigt gewesen. Wir vertieften uns ins Thema Swinger-Clubs. Das interessierte ihn sehr. Wir quatschten uns so fest, dass ich zwölf Minuten draußen war. Für den zweiten Gast blieben nur fünf Minuten übrig.

Als ich zurück in den Aufenthaltsraum kam, telefonierte Axel gerade mit Marcus Rosenmüller. Ich hatte meine erste Fernsehhauptrolle. In der ZDF-Krimiserie »Sperling«. Im Juli und August 2001 drehten wir auf Usedom.

Marcus Rosenmüller hat mich seit dem toten Taucher immer wieder unterstützt. Er sagte mir: »Wenn du die Gelegenheit hast, dann greif zu. Nimm jede Rolle an.« Sperling-Hauptdarsteller Dieter Pfaff hatte mir im Sommer 2000 am Set vom »toten Taucher« geraten:

»Du bringst eine naive Natürlichkeit mit ans Set und in die Rolle. Du bist sehr persönlich, wenn du drehst. Lass Porno nicht deine letzte Station sein.«

»Der tote Taucher im Wald« war meine erste Filmerfahrung als Schauspielerin. Ich spielte Katharina, die Sekretärin des Polizeireviers. Dieter Pfaff ist Kriminalhauptkommissar kurz vor dem Ruhestand und todkrank. Eine Serie mysteriöser Morde passiert. Unter anderem findet man einen toten Taucher im Wald. Ich hatte acht Drehtage. Für mich war das sensationell.

Inzwischen wurde die Kinozeitschrift »Cinema« auf mich aufmerksam und veröffentlichte einen schönen Artikel über mich. Dann kamen »Stern«, »Focus«, »Spiegel« und andere. Die konservativen Medien hatten das Thema Gina Wild entdeckt.

Auch die Veranstalter von Prominentenpartys, die mich einluden, gaben mir die Bestätigung, dass ich in ihren Kreisen willkommen war: »Gina Wild ist ein Must auf allen Partys.«

Mein 30. Geburtstag kam. Dieses Datum sollte ein weiteres Mal ein ganz besonderer Termin für mich sein. Ich wurde von einem befreundeten Filmmanager zur deutschen Premiere des Arnold Schwarzenegger-Streifens »The 6th Day« nach Berlin eingeladen. Vor der eigentlichen großen Feier gab es im noblen Hyatt-Hotel am Potsdamer Platz einen kleinen Empfang für wenige Privilegierte.

Arnold verspätete sich, er steckte irgendwo fest. Ich nuckelte an meinem Campari Orange – dann ein Raunen. Er kommt! Arnold trat er zur Tür herein. Ich hielt mich an Axel fest und sagte halb im Scherz: »Ich glaub, ich werd gleich ohnmächtig!«

Man muss wissen: Arnold ist mein Idol. Ich kenne jeden Schwarzenegger-Film. Ich stehe total auf die Filme von Schwarzenegger, Stallone, Jean Claude van Damme. Ich liebe »Conan«, »Terminator 1 und 2«, »Kindergarten Cop«, »Red Heat«. Und dann steht er mir auf einmal gegenüber. Und spricht auch noch mit mir.

Denn unser Freund von der Filmfirma hatte vorgeschlagen, ihn mir vorzustellen. Zuerst wehrte ich ab: »Nein, ich kann nicht. Ich kriege kein Wort raus.«

So ging es mir ja auch, als ich auf der Berlinale 2001 Kate Winslet kennen lernte. Oder Mark Wahlberg, den ich auf der Premiere von »Der Sturm« in Hamburg traf. Oder Sean Connery, als »Forrester gefunden« in Berlin vorgestellt wurde. Warum hätte es diesmal anders sein sollen?

Es war mit einem Mal mucksmäuschenstill im Ritz Carlton. Dieser Mann hat eine grandiose Aura. Alle hatten solche Ehrfurcht, dass keiner etwas sagte, bis er wieder den Raum verlassen hatte.

Von Arnold Schwarzeneggers Figur war ich ein wenig enttäuscht, weil er so klein ist. Arnold sieht in seinen Filmen so mächtig aus. Dann stellte ich fest, dass er kaum größer ist als 1,80 Meter. Aber er trug sein sensationelles Siegerlächeln im Gesicht und war sehr gut gelaunt. Unser Freund zerrte mich zu ihm.

»Arnold, darf ich dir eine gute Freundin vorstellen. Das ist Gina Wild ...«

Arnold gab mir die Hand und sagte in seinem breiten österreichischen Akzent: »Freut mich, dich kennen zu lernen.«

Ich lief rot an und sagte: »Wissen Sie, für mich geht ein Traum in Erfüllung. Sie zu treffen – das ist mein schönstes Geburtstagsgeschenk.«

Ich wagte es nicht, ihn zu duzen. Er fragte: »Du hast Geburtstag?«

»Ja. Und dann treffe ich Sie. Meinen Traumtyp.«

»Da möchte ich dir aber gratulieren.«

Und er drückte mir rechts und links einen Kuss auf die Wangen. Ich wurde langsam wieder die Alte und wurde frech: »Oh, klasse. Das gefällt mir. Kann ich das noch mal haben?«

»Klar, gerne.«

Er zog mich zu sich ran und gab mir einen Kuss voll auf den Mund. Ich dachte, ich träume. Das werde ich in meinem Leben nie vergessen.

Dann war es vorbei. Seine Managerin kam und sagte, er müsse weitergehen. Weg war er.

XIX Die Visite: Besuch im Puff

Anfang 2002 moderierte ich einige Monate lang bei Planet Radio, einem Frankfurter Sender. Jeden Freitag Abend von 23 bis ein Uhr saß ich als Co-Moderatorin einer Dating-Sendung im Studio. Ab Frühling ging das nicht mehr, weil ich terminlich zu eingeschränkt war.

An so einem Freitag hatte sich Axel mit einem Freund verabredet. Um eins, gleich nach der Sendung, rief ich Axel an, weil wir uns treffen wollten. Er erzählte mir, wo er sei.

Die beiden waren in die »FKK-Oase« gefahren. Ein riesiger Club außerhalb der Stadt in der Nähe von Bad Homburg. Nicht zu verwechseln mit dem Swinger-Club »Oase« wo wir vorher schon oft waren. Nein, die »FKK Oase« ist ein Bordell der besonderen Art.

Ein paar Dutzend Frauen arbeiten da jeden Abend. Schöne Frauen verschiedenen Typs. Männer zahlen 60 Euro Eintritt, alle Getränke sind frei. Es gibt aber keine Alkoholika. Im Sommer hat ein Freigelände geöffnet. Dann wird gegrillt. Der Club ist mit Bar, Pool, Whirlpool, Kino und einem großen Bühnenraum für Table-Dance ausgestattet. Es gibt Duschen, Umkleiden und Zimmer, in die man sich zurückziehen kann.

Das wollte ich natürlich näher kennen lernen und fuhr hin. Ich war ein bisschen aufgeregt. Einen Puff hatte ich schon immer mal von innen sehen wollen. Axel saß mit Badetuch da. Ich hab mich erst mal ausgezogen und zu ihm gehockt. An diesem Abend ist nicht mehr viel passiert. Ich war aber neugierig geworden.

Inzwischen gehen wir in unregelmäßigen Abständen hin. Dann habe ich Dessous an und hohe Schuhe. So wie die Mädchen, die dort arbeiten. Wir machen meistens erst einen Saunagang und Wellness. Für mich ist dieser Club inzwischen ein Paradies. An guten Tagen – insbesondere im Sommer – laufen da Massen von Männern rum. Die peil ich an.

Einige erkennen mich. Mittlerweile hat sich rumgesprochen, dass ich manchmal da bin. Der eine oder andere ist verunsichert und fragt erst mal, ob ich was koste. Da lach ich ihn an: »Du bist ja lustig. Ich bin nicht hier zum Geldverdienen, sondern zum Spaß haben.«

Einmal umgarnte mich einer im Whirlpool. Joe, ein muskulöser, tätowierter Kerl mit rasierter Glatze und einem gutgebauten Schwanz. Er lehnte lässig am Rande des Beckens. Joe war an die 40 Jahre alt. Ich fing an mit Axel rumzuspielen, um ihn zu provozieren. Ich signalisierte ihm durch Blicke, dass er mitmachen könne. Er hat das ziemlich schnell gerafft. Joe war ein ganz Cooler. Sein großes Ding stand kerzengrade von ihm ab. Da blies ich ihn ein bisschen.

Unaufgefordert kam ein Mädchen in den Whirlpool dazu. Die kannte Joe wohl schon. Sie streichelte und küsste mich. Dann beschäftigten wir uns mit Joe. Ein paar Meter abseits bildete sich eine Traube von Zuschauern. Wir bliesen ihn schön langsam zum Orgasmus.

Irgendwann war der fix und fertig. Aber wir beiden Mädels waren noch nicht fertig. Die Kleine setzte mich an den Beckenrand und leckte mich, bis mir einer abgegangen ist. Das dauerte ziemlich lange. Ich schätze eine halbe Stunde. Und die Menge am Pool wurde immer größer.

Leider sind solche Erlebnisse in letzter Zeit selten geworden. Es klingt ein wenig verrückt: Seit ich bekannt bin, passiert es mir, dass Männer mit denen ich ins Bett gehe, ein Stehproblem haben.

Ehrlich! Kein Witz! Und ein Spaß ist das auch nicht!

Die erkennen mich, wissen, dass ich mal Gina Wild war und meinen, ich mach jetzt beim Ficken 'ne Rolle rückwärts. Plötzlich sind die verkrampft, unentspannt und glauben, ich würde riesige Anforderungen stellen. Und dann kriegen die keinen mehr hoch.

Ich nehme es den Jungs ja nicht übel, aber ich leide! Es ist frustrierend, wenn du dir einen abnuckelst und der Kerl wird nicht steif.

Mit Frauen, muss ich sagen, ist das völlig anders. Denen fehlt die Scheu. Versagensängste kennen die nicht.

XX Die harte Nuss: Im Ring für RTL

Eines Tages kam RTL mit einem interessanten Projekt auf uns zu: Promiboxen. Die Produktionsfirma »Brainpool«, die unter anderem auch »TV total« mit Stefan Raab herstellt, wollte mich unbedingt dabei haben. Ich war skeptisch.

»Boxen? Gegen wen?«

»Wir dachten an Ramona Drews ...«

Axel war sofort dagegen: »Das wird 'ne Tittenschlacht. Vergiss es!«

Wir haben ein halbes Jahr nichts mehr davon gehört. Im Juli 2002 meldete sich »Brainpool« dann noch einmal.

»Überlegt es euch noch mal. Das wird eine ganz fette Geschichte. Live! Wir bieten euch Samantha Fox als Gegnerin an.«

Immerhin. Ein internationaler Star. Hm. Es wird drei Kämpfe geben. Und wir zwei Frauen sind als letzte dran. Wir sagten zu.

Ab August stand Training auf dem Plan. Zuvor ging ich ein paar Wochen lang joggen. Dann Intensivvorbereitung mit Boxprofi Regina Halmich, der Weltmeisterin im Fliegengewicht. Den ganzen Tag, fast ein Monat lang.

In der ersten Woche trainierten wir in ihrem Boxstudio in Karlsruhe. Das war eine Plackerei. Jeden Tag um acht aufstehen. Vor dem Frühstück eine Stunde ins Studio und aufwärmen. Seilspringen, Liegestütze, Sit-ups,

Dehnen und Pratzentraining. Pratzen, das sind diese großen Ledertatzen, die der Trainer hoch hält, und auf die man einschlagen muss. Ich war schon nach der einen Stunde platt. Zum Frühstück ging es in die Bäckerei.

Dann anderthalb Stunden Training im Fitness-Studio. Laufen, Steppen und Hanteltraining für die oberen Muskelpartien. Lange Pause und abends Sparring im Boxstudio. Eine Stunde lang Boxen unter realistischen Bedingungen. drei Minuten Kampf, eine Minute Pause. Mit Biene, einer kleinen, sehr hübschen, drahtigen, dunkelhaarigen Frau, die es sogar mit Jungs aufnahm.

Da lernt man sein zweites Ich kennen. Man wird zum Tier. Irgendwann, wenn man ausreichend Schläge kassiert, kommt das raus. Ich musste anfangs lernen, mich zu decken. Das ist ganz schön schwer. Man wird müde und die Arme hängen herab. Und wenn der andere zum Schlag ausholt, macht man instinktiv die Augen zu und dreht den Kopf weg. Das ist der Augenblick, wo man so richtig schön eins in die Fresse kriegt. Diese Reflexe mussten mir abtrainiert werden.

Biene prügelte mich so windelweich, dass Axel richtig erschrak. Meine Lippe war aufgeplatzt und blutig und ein Auge blau und dick geschwollen. Aber irgendwann hatte ich es raus.

Der Kampf fand an einem Samstag statt. Am Montag davor kam die Hiobsbotschaft von »Brainpool«: »Samantha Fox hat sich am Wochenende beim Joggen den Knöchel gebrochen.« Da musste ich mich erst mal setzen. Ich hatte mich wochenlang auf diesen Fight vorbereitet.

»Ich will Boxen. Schafft mir irgendwen in den Ring, gegen den ich antreten kann«, sagte ich.

Die kamen mit verschiedenen Angeboten. Zum Beispiel Naddel. Ich wollte nicht. Schließlich fiel der Name Doro Pesch. Das war am Mittwoch, vier Tage vor dem Kampf.

An diesem Tag gab ich von zu Hause aus 24 Radiointerviews. Ich hatte das Gefühl, Fussel am Mund zu haben. Eine Schlagzeile machte die Runde: »Wie viele Schläge verträgt ein Silikonbusen?«

Ich erschrak. Doch die Produktionsfirma beruhigte mich: »Der Deutsche Boxverband sorgt für die medizinische Voruntersuchung.«

Ein Arzt untersuchte mich und befand mich für boxfähig. Dieser Arzt aus Köln nahm auch mit meinem Brustoperateur Dr. Thomas Jansen in Hamburg Kontakt auf, der wiederum beim Hersteller der Silikonimplantate anfragte und sich per schriftlichem Gutachten bestätigen ließ, dass keinerlei Gefahr bestünde.

Die erste Frage bei der Pressekonferenz am Freitag hatte ich schon erwartet: »Machen Sie sich keine Sorgen um ihre Implantate?«

Ich meinte lakonisch: »Interessant, dass sich jeder für meine Titten interessiert, aber keiner für mein Gesicht ...«

Alle applaudierten.

Tags darauf, um 18 Uhr wurden wir ins Coloneum gefahren, einen großen Studiokomplex etwas außerhalb in Köln-Ossendorf. Jeder Boxer bekam einen eigenen Aufenthaltsraum zugeteilt. Um 20.15 begann das Showprogramm zum Anheizen.

Aber nicht für uns. Hinter den Kulissen herrschte rege Betriebsamkeit. Strategiebesprechung mit Regina, Kostümprobe. Man hatte mir eine Hose und einen Mantel in Blau schneidern lassen. Mit der Aufschrift: »Wild Thing«.

Vom ersten Kampf Joey Kelly gegen Ralf Richter bekam ich über den Monitor ein wenig mit. Es war ziemlich lau. Wie Aufwärmtraining. Ralf alberte rum.

Den zweiten Kampf verfolgte ich nicht mehr. Plötzlich stand unsere betreuende Redakteurin in der Tür: »Es geht los!«

Ich zog mein Oberteil an, machte die Schuhe zu, Regina bandagierte mir die Hände. Aufwärmen. Da ging mir der Arsch ordentlich auf Grundeis.

Ich hörte tosende Jubelschreie von draußen. Jemand riss die Tür auf und ich sah auf dem Monitor im Flur wie Pierre Geissensetter mit hochgestreckten Armen durch den Ring sprang.

Der hat doch glatt Claude-Oliver Rudolph k.o. geschlagen. Das hatte niemand erwartet. Es lief mir kalt den Rücken runter. Erst recht als ich Claude völlig blutverschmiert aus dem Ring wanken sah. Boah!

Regina warf sofort die Tür zu und machte mit dem Aufwärmtraining weiter, um mich abzulenken. Mir schossen allerlei Gedanken durch den Kopf: »Was machst du hier eigentlich? Bist du total bescheuert? Du könntest jetzt im Publikum sitzen und schön Spaß haben.«

Aber dann, als ich in den Saal einlief und die Menge mich anfeuerte, war ich überwältigt. Es war einzigartig. So was kannte ich nur vom Theaterspielen – nach der Vorstellung. Ich sprang die Treppe rauf in den Ring. Der berühmte Boxansager Michael Buffer rief in seinem unnachahmlichen Singsang: »Michaela Schaffrath – Wild Thing!«

Mir wurde sehr seltsam zumute. In diesem Augenblick war mir klar, dass ich da ganz alleine durchmusste. Keiner würde mir helfen. Und als ich die Arme hob, kämpfte ich mit meinen Tränen.

Wir beiden Kämpferinnen kamen in die Mitte des Rings um uns zu begrüßen. Ich sah Doro an und stellte fest: Die ist ja geschminkt und hat offene Haare! Eben voll die Rockerbraut.

Es ertönte der Gong. Ich hatte Gewichte an den Beinen, so fühlte ich mich. Doro überrumpelte mich.

Sie schaufelte drauflos. Wie eine Furie ballerte sie auf mich ein. Ein Schlag nach dem anderen. Irgendwie kam ich nicht in Fahrt. Ich glaube ich war nicht ausreichend warm für die erste Runde. Gong. Ich hockte mich in der Ecke, nahm den Mundschutz raus und stellte fest: Da ist ja Blut drauf! Da wurde ich sauer.

Etwas Besseres konnte mir nicht passieren. Wut ist manchmal eine tolle Motivation. Und schon waren wir wieder im Ring. Regina rief immer »Deckung hoch!« Ich wusste, dass dies kampfentscheidend sein würde. Doro ballerte drauf, traf aber nicht. Das ließ mir wenig Chancen für Technik, denn ich kam kaum aus meiner Deckung kaum raus.

Die dritte Runde. Ich merkte wie Doro allmählich müde wurde. Die Arme fielen ihr immer wieder runter. Jetzt war ich richtig warm. Ich ging auf sie los. Kawumm!

Als der Schlussgong ertönte, dachte ich nur: »Gott sei Dank. Vorbei.«

In diesem Augenblick bekam ich von Doro noch voll eine auf die zwölf. Ich taumelte nach hinten und wäre hingefallen, wenn ich mich nicht am Ringrichter festgehalten hätte.

Nach der Wertung begriff ich gar nicht, dass ich Sieger war. Erst als Regina mir die Hand hochriss, wusste ich es. Ich sagte benommen zu Regina: »Ich will zu meinem Papa!«

Die ließen mich aber nicht. Fotos, Kranz umhängen, Interviews. Und schließlich oben in meinem Raum, als ich mit Axel alleine war, musste ich erst mal weinen.

»Ich hab's geschafft. Ich habe alle besiegt.«

XXI Die Überzeugungstäterin: Schluss mit Porno ist nicht Schluss mit Sex

5. Dezember 2002. Der Vorabend zu meinem 32. Geburtstag. Und wieder sollte dieser Tag ein Meilenstein in meinem Leben werden. Wir hatten eine Einladung ins Frankfurter Striplokal »Golden Gate«. Ein befreundeter Pornoproduzent veranstaltete dort eine Misswahl.

»Kommt vorbei. Dann können wir alle gemeinsam Geburtstag feiern.«

Geburtstag in einem Tabledance-Laden ist was Neues, dachten wir. Gegen elf fuhren wir hin. Das Lokal ist zweigeteilt. Der erste Teil ist ein großer Discothekenraum mit Tabledance-Möglichkeiten.

Der zweite Teil ist eine Bar mit abgetrennten Separées drum herum. Ein schöner Nachtclub mit sexy Gästen. Die Miss Busty-Wahl war noch im vollen Gange. Wir trafen Bekannte aus der Pornoszene, unterhielten uns gut. Dann wurde es Mitternacht. Wir stießen mit Champagner an und ich bekam eine riesige Geburtstagstorte. Schokolade-Sahne. Lecker! Irgendwann im Lauf der Nacht kamen zwei süße Mädchen, so Anfang 20, auf mich zu. Tolle Figuren, etwas größer als ich, schöne Brüste. Die eine blond, die andere schwarzhaarig. Herrliche lange glatte Haare. Sehr niedlich. Die tanzten vor meinen Augen, sehr eng. Und befummelten sich. Das war ziemlich lesbisch angehaucht. Und dann forderten sie mich auf: »Komm mal mit!«

Ich hatte mir schon gedacht, dass da was kommen würde. Dann sind die mit mir in eines der Separées hinein und haben den Vorhang zugezogen. Axel schickten sie fort.

»Nein, geh mal schön raus, wir sind das Geschenk für Michaela.«

Da ist Axel ein bisschen enttäuscht abgezogen. Sanft positionierten sie mich vor sich. Dann tanzten sie noch Mal, diesmal nur für mich alleine. Dabei liebkosten, streichelten und küssten sie sich. Überall! Und begannen mich langsam auszuziehen. Ich trug meine rosa Cordhose und ein Woll-T-Shirt, das sehr raffiniert geschnitten ist – hinten frei.

Ich lehnte hingestreckt auf der Ledergarnitur des Separées. Und diese zwei Schönheiten glitten sanft über meinen Körper. Ich versuchte mich zu revanchieren. Aber da war so viel Frau. Bis an diesem Abend hatte ich ja noch nie zwei Frauen für mich alleine und ganz ohne Mann gehabt. Eine Premiere.

Ich streichelte sie an ihren Muschis. Daran lecken lassen wollten sie mich partout nicht. Sie zogen mir auch noch meine Hose aus. Jetzt lag ich völlig nackt vor ihnen. Da machten sie mich fertig, die beiden.

Eine beschäftigte sich mit meinem Gesicht und den Brüsten. Die andere steckte mir zwei Finger rein und massierte mich. Sie wechselten sich ab. Sie waren weich und rochen gut. Und sie hatten einen Heidenspaß, das merkte man. Dauernd kicherten sie.

Ab und zu lugte einer von außen durch den Vorhang. Aber Axel passte gut auf und schickte alle Spanner weg.

Sie schafften es mich gaaanz langsam zum Orgasmus zu bringen. Eine tolle Situation. Draußen tobte die Party, lauter Leute, die wissen, was du hinterm Vorhang treibst. Und drinnen diese beiden herrlichen Geschöpfe, die nur für mich da waren.

Von Freunden bekam ich zum Geburtstag noch einen riesigen multifunktionalen minzgrünen Vibrator geschenkt. Ein Hammerteil: 19 Zentimeter penisförmiger Dong mit rotierenden Noppen aus der Jellycrystal-Serie mit Multigeschwindigkeits-Klitorisstimulator und umkehrbarer Drehfunktion mit verschiedenen Geschwindigkeiten, betrieben durch eine Handkontrolleinheit. Steht so in der Beschreibung. Ich habe ihn noch nicht mal ausgepackt. Aber wenn mit Männern gar nichts mehr läuft, kann ich darauf zurückgreifen.

Ich will nicht schwarz malen. Im Großen und Ganzen habe ich ein erfülltes Sexualleben. Vor allem dank meinem geliebten Mann Axel. Und die eine oder andere männliche Delikatesse fällt trotz aller Berühmtheit für mich auch noch ab. Vor allem, wenn es sich um unbedarfte Ausländer handelt, die von Gina Wild noch nichts gehört haben.

Kürzlich war ich zu einem Filmcasting in München eingeladen. Ich reiste ohne Axel, wohnte im Marriott-Hotel. Am Abend hatte ich nichts zu tun, also setzte mich alleine an die Bar, denn ich war noch nicht müde genug, um in mein Zimmer zu gehen.

Ich bestellte meinen Lieblingsdrink Campari Orange, daddelte auf meinem Handy herum, verschickte einige SMS.

Da fiel mir aus dem Augenwinkel auf, dass ich beobachtet wurde. Ein junger Mann, der offensichtlich von mir fasziniert war. Er sah ausgesprochen gut aus. Und er sammelte wohl gerade Mut, um mich anzusprechen.

Ich hatte Recht. Nach einiger Zeit fragte er mich, ob ich mit ihm einen Drink nehmen möchte. Wieso nicht?

Er sprach Englisch, war Amerikaner und stellte sich vor. Er war Ende 20, hieß John, war aus San Francisco und hatte in Deutschland eine Stelle angenommen.

John hatte braune Haare, blaue Augen und wirkte sehr aufgeschlossen. Er erkannte mich nicht. Für ihn war ich eine ganz normale Frau. Ich hatte Jeans und T-Shirt an. Ich sagte ihm, ich sei Schauspielerin. Wir plauderten zwei Stunden, dann dachte ich mir, eigentlich könnte ich mir den mit auf mein Zimmer nehmen.

Ich schlug es ihm nicht ganz direkt vor: »Wir könnten deine Minibar plündern.«

»Good idea.«

Er bezahlte die Drinks. Meine Camparis und sein Heineken. Ich bestimme gerne, wann Schluss ist. Deshalb wollte ich lieber auf sein Zimmer. Das macht im Anschluss vieles einfacher.

Er schloss seine Zimmertür auf. Bevor er an seiner Minibar ankam, war ich schon ausgezogen. Das überraschte ihn. Ich schmiss ihn aufs Bett und setzte mich auf ihn drauf. Es gab ein wildes Geknutsche, ziemlich leidenschaftlich. Dann knöpfte ich ihm von oben das Hemd auf, bin runtergewandert, streichelte seine Brust und kam zur Hose.

Der Bengel hatte keine Unterhose an. Sein Schwanz sprang mir entgegen. Das Format war sensationell. Irgendwie habe ich ein gutes Händchen dafür. Vielleicht gibt es den gewissen Blick durch die Hose.

Ich bearbeitete ihn ein wenig, machte ihn richtig steif. Dann wirbelte er mich herum und leckte mich. Es tut gut, geleckt zu werden. Ich liebe es dabei zu kommen. Es gibt Männer, die können mit ihre Zunge fantastisch umgehen. Sie sollte spitz sein, flink und gleichzeitig langsam. Ich mag es langsam und fest. Da bin ich Genießerin. Den Kopf drücke ich schon dorthin, wo er hin muss.

Gummi drüber und auf ihn drauf. Erst ritt ich ihn, dann ging es in die Missionarsstellung. Meine liebste Stellung. Weil ich dabei unheimlich gut komme. Er hat leider recht bald abgespritzt. Draußen, wie es sich bei mir gehört. Wir haben zwei Mal gevögelt, lagen noch ein bisschen rum und schmusten. Dann verabschiedete ich mich: »Tut mir Leid, ich muss ins Bett.«

Ich würde nie mit einem fremden Mann einschlafen. Das ist meinem Mann vorbehalten. Nur mit meinem Axel schlafe ich zusammengekuschelt ein.

Ich erzählte Axel von meinem amerikanischen Abenteuer. John habe ich nie wieder gesehen.

Ich gehöre wohl zu den wenigen Frauen, die Sexualität von Liebe ganz scharf trennen können. Ich finde es faszinierend, wenn du jemanden nachts an der Theke triffst, den du geil findest, und es schwirren dir Fantasien durch den Kopf. Fantasien, wie das wäre, wenn man mit ihm eine heiße Nacht verbringt, vielleicht nicht mal seinen Namen kennt und nicht weiß, wo er herkommt. Und dann gehst du hinaus und siehst ihn nie wieder im Leben. Nie wieder. Das finde ich wunderbar. Alles reduziert sich auf die pure Lust. Was für ein Leben.

Ich weiß nicht genau, ob Gott wollte, dass ich Pornostar werde. Ich glaube schon. Und ich glaube auch, er wollte, dass ich damit wieder aufhöre. Ich glaube ja daran, dass das ganze Leben von Gott vorherbestimmt ist. Jeder Tag. Ich glaube an Schicksal und Bestimmung. Er hat alles so für mich arrangiert.

XXII Meine Zukunft: Ich hab nichts zu verbergen

Manchmal frage ich mich natürlich, ob mein Pornoausstieg klug war. Da gab es beispielsweise ein Angebot für eine Rolle in der Krimiserie »Balko«. Ich hatte schon das Drehbuch in der Post. Da meinte irgendeine Redakteurin von der Spielfilm-Abteilung bei RTL, sie hätte ein Problem mit meiner Person. Sie fand, das ginge nicht, weil ich keine Schauspiel-Ausbildung hätte. Da wurde mir wieder bewusst: Ich habe nicht irgendwas gemacht. Sondern Pornos.

Solche Augenblicke werden mich immer wieder einholen. Mein Ziel ist es, dass in fünf Jahren über die Schauspielerin Michaela Schaffrath gesprochen wird, und jemand fragt: »Sag mal, weißt du denn, was die früher gemacht hat?«

»Was denn?«

»Die hat Pornos gedreht!«

»Nein, nicht möglich. Da muss ich mal gucken, ob es die noch in der Videothek zu leihen gibt ...«

Das ist mein Ziel.

Seien wir doch ehrlich. Um an gute Rollen zu kommen, hätte ich die geringsten Probleme mit irgendeiner entscheidenden Person ins Bett zu steigen. Das kann ich aber nicht, ich kann es nicht mit meinem Gewissen vereinbaren.

Es geht nicht. Ich gehe ins Bett, mit wem ich will und weil ich Bock auf ihn habe. Und nicht weil mir dadurch die große Rolle zugespielt wird. Ich habe weiß Gott schon genügend Gelegenheiten dazu gehabt. Und Axel hätte damit auch kein Problem, glaube ich. Aber ich muss mir selber auch noch ins Gesicht sehen können.

Ich möchte engagiert werden, weil die Leute mich gut finden. Weil sie glauben, ich kann spielen, und ich passe in die Rolle. Und nicht, weil ich irgendwem eine geile Nacht beschert habe. Ich brauche diese Auswahl-Bestätigung für mich selbst. Ich brauche die Bestätigung, dass ich gut bin. Das, was ich früher nie bekam.

Man muss sich ja nur mal erinnern: Ich hatte kein Selbstbewusstsein. Früher hatte ich arge Probleme, einen Jungen anzuschauen, geschweige denn ihn anzusprechen. Wenn ich mich in einen jungen Mann verknallt hatte, mein Gott, ich habe mich nicht mal getraut, ihm in die Augen zu sehen.

Heute weiß ich mit beinahe hundertprozentiger Sicherheit, ob ich einen Typ haben kann oder nicht. Wenn der mich ein paar Minuten lang anguckt, geh ich zu ihm hin und frag ihn: »Hast du heute Nacht schon was vor?«

Dann krieg ich ihn.

Bisher habe ich mich noch nie vergriffen. Meistens sind die Männer, die sich darauf einlassen, genauso gepolt wie ich. Und ich muss keine Angst haben, dass ich hintergangen werde oder irgendwer aus einer Begegnung mit mir in der Öffentlichkeit seinen Nutzen zieht. Ich denke, es gibt nichts Schlimmes mehr, das man von mir ausgraben kann. Weil alles schon öffentlich ist. Weil's jeder weiß.

Und das ist das Beruhigende an meiner Vergangenheit.